时代印记

王志艳◎编著

寻找

拿破仑

延边大学出版社

图书在版编目（CIP）数据

寻找拿破仑 / 王志艳编著 . —延吉 : 延边大学出
版社，2013.8(2020.7 重印)
ISBN 978-7-5634-5918-6

Ⅰ . ①寻… Ⅱ . ①王… Ⅲ . ①拿破仑，
B.（1769 ~ 1821）—传记—青年读物②拿破仑，
B.（1769 ~ 1821）—传记—少年读物 Ⅳ .
① K835.655.2-49

中国版本图书馆 CIP 数据核字 (2013) 第 210717 号

寻找拿破仑

编著：王志艳
责编：孙淑芹
封面设计：映像视觉
出版发行：延边大学出版社
社址：吉林省延吉市公园路 977 号　邮编：133002
电话：0433-2732435　传真：0433-2732434
网址：http://www.ydcbs.com
印刷：唐山新苑印务有限公司
开本：690×960　1/16
印张：11 印张
字数：100 千字
版次：2013 年 8 月第 1 版
印次：2020 年 7 月第 3 次印刷
书号：ISBN 978-7-5634-5918-6
定价：29.80 元

前言

　　历史发展的每一个时代，都会有对后世产生巨大影响的人物，都会有推动我们前进的力量。这些曾经创造历史、影响时代的英雄，或以其深邃的思想推动了世界文明的进步，或以其叱咤风云的政治生涯影响了历史的进程，或以其在自然科学领域中的巨大成就为人类造福……

　　总之，他们在每个时代都留下了深深的印记，烙上了特定的记号。因为他们，历史的车轮才会不断前进；因为他们，每个时代的内容才会更加精彩。他们，已经成为历史长河的风向标，成为一个时代的闪光点，引领着我们后人走向更加深邃的精神世界和更加精彩的物质世界。

　　今天，当我们站在一个新的纪元回眸过去的时候，我们不能不提起他们的名字，因为是他们改变了我们的世界，改变了人类历史的发展格局。了解他们的生平、经历、思想、智慧，以及他们的人格魅力，也必然会对我们的人生产生深刻的影响。

　　为了能了解并铭记这些为人类历史发展做出过巨大贡献的人物，经过长时间的遴选，我们精选出一些最具影响力、最能代表时代发展与进步的人物，编成这套《时代印记》系列丛书，其宗旨是：期望通过这套青少年乐于、易于接受的传记形式的丛书，对青少年读者的成长产生潜移默化的影响，使他们能够从中吸取到有益的精神元素，立志奋进，为祖国、为人类作出自己的贡献。

前言

  本套丛书写作角度新颖，它不是简单地堆砌有关名人的材料，而是精选了他们一生当中最富有代表性的事迹与思想贡献，以点带面，折射出他们充满传奇的人生经历和各具特点的鲜明个性，从而帮助我们更加透彻地了解每一位人物的人生经历及当时的历史背景，丰富我们的生活阅历与知识。

  通过阅读这套丛书，我们可以结识到许多伟大的人物。与这些伟人"交往"，也会进一步提高我们的思想品格与道德修养，并以这些伟人的典范品行来衡量自己的行为，激励自己不断去追求更加理想的目标。

  此外，书中还穿插了许多与这些著名人物相关的小知识、小故事等。这些内容语言简练，趣味性强，既能活跃版面，又能开阔青少年的阅读视野，同时还可作为青少年读者学习中的课外积累和写作素材。

  我们相信，阅读本套丛书后，青少年朋友们一定可以更加真切、透彻地了解这些伟大人物在每个时代所留下的深刻印记，并从中汲取丰富的人生经验，立志成才。

导 言

Introduction

拿破仑·波拿巴（1769—1821），法国近代史上最为著名的军事家、政治家，法兰西第一共和国第一执政，法兰西第一帝国及百日王朝的皇帝。他曾统帅百万法军，决胜千里之外，东击俄普、南战奥国、西征葡西、北迎英伦，先后7次反击以英国、奥地利、普鲁士等欧洲强国组成的反法联盟。倥偬岁月，他挥戈跃马，以武力撰写了一个个不朽的传说。他还颁布了法国历史上最为著名的一部法典——《拿破仑法典》，对维护资产阶级革命成果、打击封建残余势力、保证法国资本主义的发展起到了积极作用，后来成为近代欧洲各国资产阶级法典的范本。

1769年，拿破仑出生于科西嘉岛阿雅克肖城一个破落的贵族家庭，少年时期曾在军校学习，后来升入巴黎军官学校，毕业后被任命为炮兵团少尉军官。

1795年，巴黎发生保王党人的武装叛乱，拿破仑临危受命，用大炮一举击垮叛乱者，挽救了危局。一夜之间，陷入困境多时、穷困潦倒的拿破仑成为军界和政界无人不晓的大人物。

1796年，年仅26岁的拿破仑被任命为法国意大利军指挥官，从此开始了独立指挥作战的生涯。他统帅数万大军直驱意大利，与处于优势的反法同盟军连续作战，取得了一系列的辉煌胜利。

1799年，拿破仑发动"雾月政变"，成为法兰西第一执政。他励精图治，发展国力，一时间法国出现了繁荣昌盛的局面。

1804年，拿破仑黄袍加身，宣告自己为法兰西第一帝国皇帝，称号为"拿破仑一世"。此后，他多次率领法军打败反法同盟军，赢得了一次又一次的胜利和辉煌，凭借自己无人能及的军事天才，成功地捍卫了法国资产阶级革命，埋葬了旧的封建专制制度，一手创建起法兰西第一帝国。他以自己的方式使法国革命扩展到整个欧洲，将欧洲人从沉睡中唤醒。他不仅创造了法国历史，同时也创造了所有欧洲各国的历史。

然而，赫赫战功也会滋生勃勃的野心，战争和野心最终也毁掉了他的一切。为了废黜这个令整个欧洲为之动容的战争巨人，1815年，全欧洲列强不得不在滑铁卢战场联合起来对付他……

最终，拿破仑兵败滑铁卢，被流放至南大西洋一个遥远而荒凉的孤岛——圣赫勒拿岛。1821年5月5日，叱咤风云的一代伟人在孤岛上黯然病逝，终年52岁。

本书从拿破仑的儿时生活写起，一直写到他所创造的伟大业绩及所取得的辉煌成就，再现了这位从无名小卒成长为法兰西第一帝王的历史霸主叱咤风云的传奇人生，旨在让广大青少年朋友了解这位时代伟人不平凡的人生经历，学习他那种勤奋、果敢、激情、坚定的品格以及为实现自己的理想和目标永不服输的战斗精神。

目 录
contents

时代印记　目录

第一章　英雄出少年

我只有一个忠告给你——做你自己的主人。

——拿破仑

（一）

　　白色的沙滩，怪石嶙峋的山洞，斜卧在水中的礁石，这就是拿破仑·波拿巴的故乡——科西嘉岛。

　　科西嘉岛位于意大利半岛的西面，地理位置十分重要。它南与撒丁岛隔海相望，东临意大利，北接法兰西，山峦起伏，丛林密布。因此，科西嘉岛的历史也充满了动荡，迦太基人、罗马人、汪达尔人、比萨人等，都将占领它作为确立自己地中海霸业的一部分。

　　科西嘉岛上的人口很少，但却顽强好斗。他们就像雄鹰一般，时刻盘旋在自己的窝巢之上，对来犯的敌人进行毫不留情的痛击。从18世纪上半叶开始，岛上人民就开始了反对热那亚占领者的民族独立运动。

　　富饶的热那亚王国用重金招募大量的雇佣兵；而相比之下，科西嘉岛的战斗力量却过于单薄。于是，政治上有些天真的政治领袖保利便向法兰西王国求援。

　　接到保利的求援，法兰西国王路易十五喜不自禁，他早就对科西嘉岛垂涎欲滴。因此，他迫不及待地派出3万精锐部队进入科西嘉岛，将热那亚人赶跑了。随后，法军便占领了科西嘉岛。

1768年5月15日，热那亚同法国政府签订了科西嘉归让法国的秘密协定，将实际上已不拥有的对科西嘉的"权利"出售给法国。这样一来，保利的真情被无情地利用了。这让保利和科西嘉人民非常愤怒，科西嘉人对法国展开了悲壮的抗争。

无奈的是，敌众我寡，在强大的法国远征军面前，科西嘉人民的抵抗无异于以卵击石。保利的一些部下曾追随他顽强地抵抗法军的入侵；而如今，他们却不得不投降，成为法兰西王国的臣民。在这其中，就有拿破仑的父亲夏尔·波拿巴。

夏尔·波拿巴出身于科西嘉首府阿雅克肖城，是当地的贵族。在法军入侵时，夏尔正在研读法律。夏尔对法军的侵略行为十分痛恨，他放下书本，带着妻子莱蒂齐亚·拉莫利诺追随保利，为民族独立而战斗。

在激烈的科西嘉保卫战中，夏尔担任保利的副官。在炮声隆隆、飞尘蔽日的战争炮火之中，夏尔的第一个孩子约瑟夫出生了。

1769年春，科西嘉岛上的居民终因寡不敌众，被迫向入侵者屈服，保利也逃往英国。在这种情况下，夏尔只好带着妻子回到阿雅克肖城，顺从了法国人的统治，加入法国籍。

1769年8月15日，是教会认定的圣母升天日，法国国王路易十五为征服科西嘉岛一周年而庆祝，整个科西嘉岛到处都升腾着熙攘热闹的景象。

就在这天，随着一声清脆的哭声，夏尔家的第二个孩子出生了。这是个大脑袋的男孩，长相可爱。为了纪念在1767年牺牲的叔叔，夏尔给这个头颅硕大的男孩起了一个与叔叔同样的名字——拿破仑·波拿巴，意为"荒野雄狮"。

小拿破仑的诞生，给夏尔夫妇带来了无限的快乐。夏尔曾长久地凝视着拿破仑那大大的脑袋和粗壮的双腿，对妻子莱蒂齐亚说：

"他的脑袋里装满了智慧，他的有力的双腿是他顶天立地的支柱，我们的儿子生来就是拯救世界的巨人。"

拿破仑生来就极为顽皮，也极少露出笑容，动不动就踢床蹬被，手足乱舞。夏尔似乎从这个孩子倔强的性格中看到了自己生命的延续。

此后数年中，这个并不富裕的家庭又陆续添了3个儿子和3个女儿。孩子们在祖辈遗留下来的大屋子里天真地嬉闹着，谁也不曾想到，他们当中竟然会出现一个名震欧洲大陆的大人物。

（二）

在父母殷切的期望中，拿破仑渐渐长大了。他继承了父亲英俊的眼睛和有力的肩膀。但他从小就性格孤僻，沉默寡言，显得不甚合群，不过他的智力却十分早熟。

哥哥约瑟夫与拿破仑是两个反差很大的孩子，约瑟夫喜欢听大人讲故事，而拿破仑却固执顽皮，做事我行我素。平时玩耍时，这个不安分的小家伙经常把大他18个月的哥哥约瑟夫打倒或打哭。

像其他男孩子一样，拿破仑也喜欢与小伙伴们玩打仗的游戏。每次，拿破仑都会是组织者，自命元帅，把孩子们分成两部分打架。而他往往会挑实力弱小的一方来指挥，与实力较强的一方较量。但他不跟对方较量体力和威猛，而是凭借智慧取胜。

在双方打起来后，他总是一马当先，冲锋在前，而且拳脚颇重，从不给对方喘息的机会。每次"战斗"中，他都能以弱胜强，以少胜多。久而久之，孩子们都将他当成胜利的标志，争先恐后地想要当他的部下。在当时，这颇能满足一个孩子的自尊。许多年后，拿破仑自己也说：

"我成为元帅的历史，要从孩提时代讲起。"

的确，拿破仑的军事天才不能不说是与生俱来的。

小拿破仑喜欢吃点心和果酱，家里人也允许他吃个痛快，但他仍然跑到街上，用精粉做的涂着黄油的面包与一些士兵换军用面包吃。母亲为此责骂他，可他回答说：

"反正总有一天要当兵，要适应吃这种面包才行。"

拿破仑一心想要当兵，除此之外没别的念头。在阿雅克肖城街头上看到法国军官穿着蓝白制服，扎着腰带的神气样子，他简直羡慕得要死。

拿破仑的顽皮和好斗让家人颇感苦恼。有一年过节，他们在博科尼亚诺的农场磨坊主来到波拿巴家，带来了几匹小马驹。拿破仑趁他们出门要走时，冷不防翻身上马，飞也似的赶着马一口气奔到农场，然后在农场里里外外把磨坊主的磨坊仔细观察了一遍，还计算出一星期可以加工多少麦子。

农场主吓得好不容易才把拿破仑带回阿雅克肖，心惊胆战地对莱蒂齐亚说：

"愿上帝保佑少爷长命百岁，他不会错过时机成为世界上第一号人物的。"

但在童年时，拿破仑更多的时间是独自一个人到海滩去，在那里迎着朝霞，静立在岩石顶上，俯首望着汹涌澎湃的大海，聆听着惊涛拍岸的巨响，凝神沉思，一站就是好半天。长大之后的拿破仑曾说：

"我最爱海浪，因为它蕴藏着无比的威力，可以吞掉无数细小的沙粒，可以用柔软的唇吻碎坚硬的岩石。我就要做那海浪，把世界踏在脚下！"

听到这番话，没有人能将当年那个顽童静立海边的情景联想起来。但他确实是从童年开始，就油然而升一种"做人要做强人"的信念。

父亲夏尔觉得这个孩子颇具心机，聪明勇敢，因此对他刮目相看，对他的顽皮也报以宽容的态度。但母亲莱蒂齐亚教育孩子却很严厉。被拿破仑打败或打哭的孩子经常到莱蒂齐亚面前告状，莱蒂齐亚每次都会很严厉地训斥拿破仑，有时甚至会打他。也正因为有莱蒂齐亚的严教，才培养出拿破仑这样一位旷世奇才。在长大之后，拿破仑对母亲十分感激。

拿破仑喜欢征服别人，这种征服除了在武力上表现得比别人强大外，在学习上他也力图超过别人。

在7岁时，拿破仑被送到学校上学。开始时，他还是有些冥顽不化，经常沉迷于各种贪玩打仗游戏，学习很差。而哥哥约瑟夫却酷爱学习，功课也一直很好。

有一天，约瑟夫给拿破仑出了一道数学题考他。拿破仑整天忙着玩耍，哪有时间学习，因此根本答不上来。哥哥见状，便讥讽他说：

"喂，拿破仑，这么简单的题目你都答不出来，看来你也只是比我勇敢罢了！"

这句话刺激了早熟的拿破仑。从那天开始，他不再贪玩打斗，而是下工夫学功课，并开始迷上了数学。

母亲莱蒂齐亚看到拿破仑的变化，感到十分欣喜。她因势利导地教育儿子说：

"拿破仑，你现在明白了吗？一个人光有蛮力是不行的，还要有知识、有志向。只有胸怀远大的志向，又具备扎实的知识的人，才能征服别人，才能做一个真正的强者。"

（三）

在拿破仑9岁时，他通过了入学考试，进入法国奥顿中学读书。3个月后，由于祖籍为意大利古老贵族血统被法国当局承认，拿破仑又被公费送到法国的布里埃纳军校读书。该校是法兰西贵族子弟跻身军界的必经之路。就这样，这个不满10岁的孩子远离父母，只身到一个陌生的环境中开始了求学生涯。

当时在法国有12所这样的皇家军校，专供贵族子弟接受预备教育，以便获得军官委任状。每所学校大约有100名学员，其中一半为自费生，另一半为公费生。后者必须经过考试才能进入。这两类学员都必须持有贵族血统的证明，其血统可上溯2个世纪。录取名单由陆军大臣确定，学校行政由教会管理。

少年的拿破仑未满10岁就进入布里埃纳军校，在那里一直攻读到15岁。他的基础教育就是在这所军校里奠定的。他聪明、勤奋，在数学、历史和地理方面尤为突出。他的第一志愿是参加海军，但由于母亲的劝阻，他才决定攻读炮兵职衔。

拿破仑天性沉默寡言，说话也略带科西嘉口音；相对于那些富家子弟，他的经济条件也比较一般。这些都招致那些傲慢的法国同学的嘲笑，他们甚至挖苦他那颇为勉强的贵族身份，轻蔑地称他为"科西嘉蛮子"。但这些讥讽和嘲笑反而增强了拿破仑克服困难的决心。

军校的纪律相当严格，5年学习期间一概不准请假。拿破仑深知自己进入这所学校是十分不容易的，因此非常珍惜这个能够跻身法国军官阶层的机会，学习非常努力，成绩也相当优秀。

不过，军校与世隔绝的生活进一步强化了拿破仑原有的阴沉、忧郁和孤僻的性格。特别是家乡被法国人强占令他油然产生一种强烈的背井离乡之感。在学校里，他既让人难以接近，又不讨人喜欢，总是孤独一人，没有朋友，没有知己，唯一的慰藉就是学习。他也经常躲开同学们喜欢的游戏活动，一个人躲到图书馆中，阅读和研究科西嘉的历史地理，阅读一些名人大家的作品。他对弗里德里希大王、伏尔泰和卢梭关于科西嘉研究的书籍尤感兴趣。

拿破仑精密而敏锐的思考、果断的决策力和灵活的指挥能力，在一次与同学们一起打雪仗的战斗中崭露头角。

那是在1783年的冬天，大雪纷飞，皑皑白雪覆盖了整个校园。一向不喜欢与同学交往的拿破仑突然提议大家一起到操场上去打雪仗。在游戏中，他井井有条地组织同学们分为两军，并号召大家各自挖战壕、修城堡。

　　拿破仑站在高筑的雪塔上，俯首下边，机敏地指挥战斗，宛若一位主帅在指挥千军万马。斗争进行得异常激烈，这种模拟战斗甚至进行了15天之久，拿破仑也一跃成为学校的英雄人物。同学们终于见识了拿破仑的才华，再也不敢小看他了。

　　5年的军校生活一转眼就要结束了。1784年，拿破仑以优异的成绩从军校毕业。同时，他与另外4位同学作为士官生被推荐进入巴黎军官学校就读。该校直属法国王室，在法国名声极佳。学校师资阵容强大，拥有一流的教员，课程设置有数学、历史、地理、英文、法文、德文、制图、击剑等，是培养国家栋梁人才的学校。

　　1784年10月17日，15岁的拿破仑离开了布里埃纳军校，在21日下午来到巴黎。

　　拿破仑称帝后，每天早晨在理发修面时都要看报纸，但他看的主要是英国和德国的报纸，从不看法国的报纸。有一天，有人问他为什么不看法国的报纸，他说："我国报刊上刊登的东西，全都是按照我的旨意写的。"

第二章　离开科西嘉

　　一个人应养成信赖自己的习惯，即使在最危急的时候，也要相信自己的勇敢与毅力。

——拿破仑

（一）

　　巴黎的一切对于拿破仑来说都是新奇的。不论是那一座座富丽堂皇的高楼，还是穿行在街道上游玩的妩媚女子，都给从科西嘉来的拿破仑留下了深刻的印象。

　　新的学校简直就是一座宫殿，未来的军官们在这里过着奢华的生活。他们仆人成群，前呼后拥；还有马匹和马夫，专门供军官们骑行游玩和负责照顾马匹。

　　入校不久，头脑冷静的拿破仑就看出了问题。他立即向学校当局上书，指出这种教育制度是有害的，学生沉湎于各种物质享受，返乡后就无法适应清淡的生活，走上疆场后更难以忍受战争生活的艰苦。所以，他强烈建议学校应让学生做些个人琐事，吃粗制的面包，戒酒或有节制地饮酒，并取消那些仆人和马夫。

　　一位年仅15岁的少年能够提出如此独树一帜的见解，不能不令人佩服。

1785年2月，拿破仑的父亲夏尔因患胃癌去世，年仅39岁，这让本来就很窘迫的家庭陷入了经济危机。为了能尽快毕业，拿破仑废寝忘食地学习，只用了一年的时间就学完了军校规定的3年必修的课程，顺利地通过了毕业考试，并被授予少尉军衔。

对于被授予少尉军衔这件事，拿破仑后来说：

"我一生中最骄傲的那一刻，就是接受少尉军官。因为今天的辉煌正是那一刻的点燃，才使我生命的航船驶入腾达的航线。"

在此次授予的56名少尉中，拿破仑名列第42名，而在证书上签名的，正是日后在断头台上身首异处的法国国王路易十六。当然，他当时也只是例行公事，甚至连拿破仑·波拿巴这个古怪的名字都不屑一顾。

可是，路易十六万万没有想到，就是他的签名，为这个无名小卒打开了升迁的机会。

按照拿破仑的要求，他被派往南方的瓦朗斯城的一个名叫拉费尔的炮兵团服务，因为这里距离科西嘉较近，方便他照顾家庭。

在入团的前3个月，按照军队的惯例，拿破仑首先被编入军队，接受严格的训练，从最底层的炮手做起，然后逐渐晋升为下士、中士，直到1786年元月，他才被正式委任为军官。

父亲去世后，这位年轻的少尉军官便开始担负起波拿巴家族的希望，因为哥哥约瑟夫好吃懒做，家里的重担只能落在拿破仑的身上。所以，拿破仑在军营中总是节衣缩食，把大部分的薪金都寄回家里，为母亲分忧，自己只留下很少的一部分，勉强维持生活。他非常严格地要求自己，不容许自己有任何一点额外开销，比如娱乐、去酒馆等。他也很少与人交往，不想也不敢想能够进入上流社会的社交场合。

这样，空闲时间拿破仑就都用来读书了。他的求知欲十分强烈，阅读兴趣也非常广泛，对军事、数学、地理、哲学等，都普遍涉猎，对游记也有兴趣。

拿破仑还很喜欢分析各个国家的境况。在所分析的国家中，他对英国的兴趣最浓厚，研究时间也最长。在对英国历史和立宪过程了解之后，拿破仑在笔记中写道：

"英国人和欧洲其他国家的人是多么不同啊！"

他最喜欢阅读的是各类英雄人物的传记，他把这些英雄传略看做是"汲取营养的沃土"。心怀大志的拿破仑尤其对普鲁士的腓特烈大帝充满热情，腓特烈大帝的伟大业绩也激荡着他的心胸。对此，拿破仑说：

"帝国的命运往往系于一人之手。"

拿破仑还会自己写一些读书笔记及大量的手稿，在这些手稿中，军事方面的研究占了很大比例。而其中最长、最有趣的手稿，则是对暴政的论述，尤其是对法国在科西嘉实施的暴政。拿破仑是个愤怒的理想主义者，他抗议这个世界上遭受蹂躏者所实施的任何弱肉强食的暴政。他写道：

"使用蛮力是在丛林中生存的法则，在文明的人类社会中应该只存在理性的力量。可是现在放眼全球，暴政、压迫和不公平随处可见。为了反抗这一切，多少国家历经沧桑和盛衰变迁！"

不过，拿破仑的这些发自肺腑的呐喊在当时并没有引起他人的共鸣。这个年轻人就像是一只迷途的羔羊一般，对科西嘉的命运将何去何从，他根本无力把握。

（二）

1786年9月，拿破仑请假返回科西嘉岛，去处理父亲去世时留下的一点地产和一些杂乱的事务。他有条不紊地完成了这一切，让家庭的经济状况得到了些许改善。

在科西嘉，拿破仑待了21个月，直到1788年6月，他才恋恋不舍地离开家乡。

回到法国不久，拿破仑就跟随拉费尔炮兵团调离瓦朗斯城开赴奥松城。在这里，拿破仑生了一场大病，身体变得十分虚弱。经过几个月的调理，身体才渐渐好转起来。

身体康复后，拿破仑便跟班到炮兵学校上课。学校的校长泰尔将军对拿破仑早熟的才识极为赞赏，主动将他要过去，让他负责几个试炮场，还破格让军衔低的拿破仑加入学校的研究委员会。

这期间，拿破仑写了一些有关炮兵的观测和报告，还向严厉而和蔼的泰尔校长呈上一份关于炮弹射程的备忘录，其严密的逻辑性和计算的准确性让泰尔将军喜出望外。

此时，世界"打倒封建主义、争取民主"的呼声日渐响亮。1789年7月14日，法国终于爆发了大革命，巴黎人民攻占了封建专制的堡垒巴士底狱，国王被迫让步，政权转移到资产阶级制宪会议手中。

暴风骤雨般的大革命成为炮兵团中一个不小的冲击波，不少人为之惊恐，而拿破仑却反而偷偷为革命喝彩。他将故乡科西嘉的命运同法国革命联系在一起，逐渐抛弃了一贯以来要将科西嘉从法国独立出去的思想，他相信革命后的法国一定能让科西嘉人民与他们共享平等和自由。他自言自语地说道：

"科西嘉的时代到来了！"

1789年9月，深受法国大革命鼓舞的拿破仑第三次休假返回故乡科西嘉。这一次，他与岛上的爱国之志为争取科西嘉的自由和解放而积极活动，组建了雅各宾俱乐部，还组织了国民自卫军。

在俱乐部中，拿破仑发表了激动人心的言论，鼓吹国民军才是拯救科西嘉的唯一手段，只有军事力量才能敲碎科西嘉人民身上的枷锁。他的演说吸引越来越多的人聚集到俱乐部中，结果也引来了驻科西嘉法国总督的出面干涉。

结果，俱乐部被关闭了，国民自卫军也被解散了。对于这种专制，拿破仑又发起了一场激烈的抗议活动，还向法国国会递交了一份请愿书。作为一个法国军队正在休假的军官，拿破仑第一个签上自己的名字。这在当时简直是一个胆大惊人的行为。

11月30日，由于科西嘉爱国者的强烈申请，法国制宪会议宣布：科西嘉是法兰西帝国不可分割的一部分，科西嘉人民享有与法国所有居民平等的权利。

1790年7月14日，从英国流亡归来的保利在一片欢呼声中登上科西嘉岛，并趁机重掌科西嘉大权。而随着法国事态的发展，科西嘉的政治力量也分为两派：一派是依靠当地军队和行政机构的旧制度的维护者，一派则是法国大革命的坚决拥护者。

此时，拿破仑与保利在政治观点上发生了严重的分歧。保利主张将科西嘉从法国占领之下完全解放出来，并将英国政体的模式移植到科西嘉；而拿破仑则支持法国制宪会议的决议，拥护法国的民主政体，并认为法国革命为科西嘉的发展创造了条件。

为此，拿破仑与保利之间酝酿起了一场公开的冲突，但这个时候还没有爆发出来。

（三）

1791年2月，拿破仑重返奥松城的拉费尔炮兵团，并带上了自己的弟弟路易，以减轻家庭的负担。兄弟两人住在瓦朗斯，拿破仑用自己微薄的薪俸供弟弟上学，还要寄给母亲一部分，因此生活极其艰苦。这个时期的拿破仑看上去比任何时候都显得苍白和瘦弱。

同年夏天，军事当局改组炮兵，拿破仑从二等中尉提升为一等中尉。他离开了奥松的拉费尔炮团，调往瓦朗斯的格勒诺布尔炮团。

1791年9月，拿破仑以国民自卫军阿雅克肖营副营长的身份又回到科西嘉。这次，他与保利彻底决裂了，因为保利此时已公开要使科西嘉脱离法国。1792年5月，野心勃勃的拿破仑还在小岛上策划了一场政变，岛上的两派发生了武装冲突。拿破仑命人开枪射击了支持保利的分离主义者。

在制造了这场混乱后，拿破仑引火上身，成了众矢之的。现在，他的反对者不仅包括以前就反对他的保利和法国守军，还有大多数的阿雅克肖居民。

祸不单行，置身混乱之中的拿破仑早已忘记假期到前一年12月份就结束了，而现在已经远远超过了预定假期。由于离队时间过长，拿破仑的名字早就在法国军官册中被注销了。

1792年5月28日，拿破仑返回巴黎，向陆军军部汇报了自己在科西嘉的活动。这时，奥地利皇帝和普鲁士国王因仇视法国革命，已向法国革命政府宣战。法国贵族和将军们纷纷倒戈通敌，前线军队指挥人员极其缺乏，而一些贵族军官又纷纷逃亡，军队中缺额较多。

在这种情况下，7月16日，拿破仑又顺利地回到了炮兵军团，并于7月16日被擢升为上尉。

对奥战争的节节败退，引起了巴黎人民的强烈不满。6月20日这天，愤怒的群众闯进王宫，强迫国王戴上红色尖帽，并要他面朝庭院的窗口向人群低头认罪。

这一幕恰好被路过的拿破仑看到。他被这个优柔寡断、懦弱胆小的国王形象激怒了。他鄙视地说道：

"真是个懦夫！怎么能够放纵这群无赖！应该用大炮消灭几百人，这样其余的人就会四散逃命了。"

8月10日，拿破仑又一次看到巴黎人民进攻杜伊勒里宫的情形。作为一个军人，他再次为国王的无能感到遗憾和愤怒。他在给哥哥约瑟夫的信中写道：

"如果路易十六跨上他的战马，胜利本来会属于他的。"

最终，君主制被推翻了，代表大工商业资产阶级的吉伦特派掌握了政权，法国实行了共和制。

10月5日，拿破仑又返回了科西嘉岛。岛上的情况十分混乱，亲法派力量日渐薄弱。这时，法国革命军已击退欧洲反动君主对法国革命的武装干涉，开始转入反攻。在南方，法军计划以科西嘉为基地，占领撒丁王国的马达莱纳岛，作为进入撒丁的跳板。拿破仑回来后，便奉命参加了讨伐撒丁王国的这次战斗。

1793年2月23日，这支科西嘉小舰队轻松地攻下了马达莱纳岛附近的小岛圣斯特法诺，打乱了撒丁的防御部署。但最后战役因指挥官的指挥不当和海军不执行命令而失败。愤怒的拿破仑将大炮扔入大海，然后返回科西嘉岛。这是拿破仑的第一次作战。

这次回到阿雅克肖城，城里的情况更加混乱不堪。保利决定要让科西嘉脱离法国，向英国投靠。而拿破仑的弟弟吕西安是个坚定的亲法派，他向土伦的雅各宾俱乐部告发了保利的行为。雅各宾党人听信告发，宣布立即逮捕保利和他在公会中的同党。

当拿破仑返回家中，获悉弟弟告发保利的行为后，马上写信给公会要求收回逮捕令，但为时已晚。为平息科西嘉人的怒火，拿破仑还起草了一个宣言，为保利辩护，但补救行动已无济于事。支持保利的科西嘉人认为拿破仑是在演戏，他们对波拿巴一家的愤怒之火越烧越旺。

此时的形势对保利十分有利，他抓住时机，宣布科西嘉与法国彻底决裂。不久，保利派还袭击了拿破仑支持者的住所，洗劫了波拿巴一家。拿破仑历尽千辛万苦，才带着全家从科西嘉逃出。

1793年6月5日夜里，趁着夜色，拿破仑全家登上了离开科西嘉的轮船。走的时候，他们身无分文，只剩下身上的衣服。这一去，拿破仑再也没有返回科西嘉。

一家人逃离了这个曾给予拿破仑无限温情的迷人小岛，驶向了毫无所知的法国土伦和渺茫莫测的未来。

　　拿破仑当上皇帝后，有人拿着一首诗给拿破仑看，说这首诗用影射的笔法讽刺皇帝，所以建议拿破仑严惩这首诗的作者。拿破仑冷冷地看着来人，说："如果要惩罚，该惩罚的也是你而不是作者，因为是你说我与诗中所写的相像。"

第三章　土伦初露锋芒

世上只有两种力量：利剑和思想。从长而论，利剑总是败在思想手下。

——拿破仑

（一）

1793年6月中旬，身无分文的拿破仑一家抵达法国土伦。当时，盘踞在土伦和南方几个城市的王党分子为推翻雅各宾派专政，恢复波旁王朝，居然引狼入室，允许反法联军英国和西班牙舰队驶入土伦港，并将拥有30余艘舰只的法国地中海舰队拱手交给西班牙人和英国人。

此后，其他外国军队也陆续踏入这个地理位置十分重要的港口。到9月，土伦的外国军队已达1.4万余人。

这一消息让法国十分震惊。为捍卫新生的革命政权，雅各宾政权派出两支军队，开始了土伦围攻战。

围攻战斗由纨绔子弟卡尔托指挥，战事屡遭不顺，收复土伦前景渺茫。就在这时，拿破仑出现了。他是奉调前往一个海防部队去的，途中正好路过革命军部队驻地。国民公会特派员、拿破仑的老乡萨利切蒂立即推荐拿破仑担任土伦围攻部队的炮兵指挥官，这一任命也很快得到了当局的批准。

9月中旬，拿破仑到达土伦前线，然后立即投入到紧张的工作当中。他发现，这支军队没有炮兵，装备又少又旧，只有不超过10门的野炮，其中还有一半以上的大炮不是缺乏弹药，就是炮径不对。雅各宾派军队的队伍也缺少认真的训练和起码的军人素养，不会使用火炮，更不会修理。由于连连失败，军队士气低沉。

面对这糟糕的局面，拿破仑有条不紊地着手工作。他首先花了几周时间从各地收集火炮。没多久，拿破仑就从四面八方弄来了下级炮兵军官、充足的弹药以及近百门大口径的火炮，其中包括用来对付英军要塞和军舰的巨大的24磅重炮。

与此同时，拿破仑还仔细观察了阵地，熟悉每个局部的地貌。最后，他提出了攻陷土伦的作战计划。他认为，首先应该集中主要兵力攻占港湾西岸的马尔格雷夫堡，夺取克尔海角，然后集中大量火炮，猛烈轰击停泊在停泊场内的英国舰队，切断英国舰队与土伦守敌之间的联系，迫使英国舰队撤出港口。

拿破仑这一大胆而新颖的计划显示出他敏锐的洞察力和超人的军事才干。11月下旬，前线司令部批准了拿破仑的这一进攻作战计划。12月上旬，革命军最后一批援军到达，围攻土伦的法军兵力达到3.8万人，超过英军一倍以上。12月中旬，突击部队和炮兵都按预定计划进入集中地域，并占领了预先构筑好的堡垒，完成了最后的进攻准备。

12月14日，对土伦的进攻正式开始了。法军用45门大炮集中向联军猛烈袭击。在法军密集的猛烈炮火攻击下，联军的防御工事很快便被摧毁，许多火炮在英军守军还未来得及发射一颗炮弹的情况下，就被击毁在阵地上。炮火整整轰击了两天两夜，直到16日晚，法军才真正发起冲击。

12月16日晚上，电闪雷鸣，大雨滂沱，黑暗和恐惧笼罩着整个战场。凌晨1点钟，在杜戈米埃将军的指挥下，法军6000余人从南北两翼开始攻击，直扑联军阵地。敌人负隅顽抗，加之黑暗和大雨，法军在冲击中迷失了方向，大批的法军士兵倒在血泊中。

在几次进攻被击退后，法军许多军官开始惊慌失措了，甚至产生了绝望的情绪。就在这关键时刻，拿破仑率领预备队冲了上来。他身先士卒，冲锋陷阵。在冲击过程中，他的战马被击毙了，他的小腿也受伤了，但他仍然坚守岗位，有条不紊地指挥战斗，命令炮兵大尉米尔隆率领一个营从一条曲折的小路盘旋上山，出其不意地从后门攻击联军的堡垒。

凌晨3时，联军堡垒被法军打开一个缺口。许多英军和西班牙炮兵还没弄清楚怎么回事，就被法军击毙在炮台之上。

法军占领联军堡垒后，立即调转炮口向敌人猛烈轰击，战斗一直持续到天亮，敌人感到大势已去，终于放弃了毫无意义的抵抗。17日上午10时，法军在调整部署后再次向敌人发起进攻，又经过了几个小时的激烈战斗，终于将敌人全部逐出克尔海角。法国的三色旗在克尔海角上空高高飘扬。

18日，法军收复了土伦。这一消息立刻传遍了整个法国，法国人简直不相信土伦这个曾被看做是无法攻克的堡垒竟然会被一个初出茅庐、默默无闻的名叫拿破仑的年轻人拿下。这个意外的胜利格外激动人心，拿破仑也因为这场战斗由一个普通的军官一跃成为众人瞩目的风云人物。

1793年12月22日，在杜戈米埃将军的提议下，年仅24岁的拿破仑被破格提升为炮兵准将。1794年2月6日，国民公会又任命拿破仑为意大利军团的炮兵指挥官。

（二）

拿破仑在土伦战中一鸣惊人，随后与部队一起来到法国马赛驻防，他把颠沛流离的家人也接到那里。当母亲莱蒂齐亚看到拿破仑时，喜极而泣。她用颤抖的双手一遍遍地抚摸拿破仑那神气的军装。这位历尽艰辛的科西嘉女子想到了自己早逝的丈夫，激动地说：

"如果你的父亲还在世，看到你能出人头地，他会多么高兴和自豪啊！"

由于拿破仑的成功，他的哥哥约瑟夫进入市政厅工作，给国民议会特派员萨立切蒂担任助手；他的弟弟路易被任命为参谋部少尉军官。拿破仑则一战成名，成为政治场上的新贵，与执政法国的雅各宾派领袖罗伯斯庇尔兄弟开始来往密切。与此同时，他还开始了自己的第一份爱情，这份爱情中的女主角是欧仁妮·黛丝蕾。

欧仁妮·黛丝蕾是法国马赛颇有名望的绸缎商人佛朗斯·克莱雷的次女。克莱雷还有一个儿子名叫爱提安以及大女儿朱莉。佛朗斯曾是王宫中的丝绸承包人，但国王路易十六去世不久，革命政府便以"效忠王室"的罪名拘留了爱提安。一家人非常惊慌，最后决定由15岁的黛丝蕾和爱提安的妻子一起去市政厅找国民议会特派员萨利切蒂帮忙。

在市政厅，黛丝蕾和嫂子并没有见到萨利切蒂，但遇到了约瑟夫。在了解情况以后，约瑟夫答应帮助她们。

黛丝蕾是个很聪明的姑娘，她见约瑟夫英俊有为，便有意将自己的姐姐朱莉介绍给他。于是，她借口感谢约瑟夫，邀请约瑟夫到她家中做客。能与当地的富商攀上交情，约瑟夫自然是求之不得。当天下午，爱提安也被释放出狱。

第二天，约瑟夫和弟弟拿破仑一起来到黛丝蕾家中拜访。黛丝蕾看到约瑟夫威风凛凛，气度不凡，但看到拿破仑时却大失所望。拿破仑身材矮小，头发凌乱，身上的军装也皱巴巴的，与干净利落的约瑟夫形成鲜明的对比。黛丝蕾对拿破仑的第一印象十分糟糕。

然而，当拿破仑与黛丝蕾一家人交谈时，他精辟的见解、远大的抱负和不凡的气质改变了黛丝蕾对他的印象。黛丝蕾发现，这个其貌不扬的军官刚毅、果敢、坚强，散发着异于常人的魅力。她渐渐被拿破仑吸引了。

当然，约瑟夫与朱莉的交往也颇为顺利，两人互有好感。从此，拿破仑与约瑟夫经常到黛丝蕾的家中探访，拿破仑与黛丝蕾之间的关系也日渐亲密起来。

哥哥约瑟夫与朱莉的感情发展迅速，并很快举行了婚礼。而正当拿破仑和黛丝蕾准备结婚时，法国的时局却发生了巨大的转折。

1794年7月27日，巴黎发生热月政变，雅各宾派领导人罗伯斯庇尔兄弟被杀。拿破仑因与他们有交往，也因受到怀疑而突然被捕。黛丝蕾闻讯后，焦急万分。

在被监禁14天后，拿破仑才通过朋友的帮忙获得释放，但他顺利的前途却因此中断了。出狱后，新的当权者仍然用不信任的目光盯着他，让他的抱负不得施展。

心情压抑的拿破仑决定前往巴黎，希望在那里能谋取一份好的职位。在与黛丝蕾告别前，他深情地说：

"我的欧仁妮，我不能没有你，等你满16岁我们就结婚。现在，我必须先去解放我的故乡。"

黛丝蕾满眼含泪地点点头，表示一定会等待拿破仑的归来。

1795年5月2日，在与黛丝蕾恋恋不舍地告别后，拿破仑与弟弟路易一道启程前往巴黎。

（三）

由于罗伯斯庇尔政府的垮台，刚来巴黎的拿破仑失去了庇佑。他企图东山再起，但苦于没有门路。直到有一天，拿破仑打探到炮兵团老上尉奥布里现在在巴黎已成为一个有实力的人物——在救国委员会担任委员，负责国防事务。

拿破仑便登门向奥布里求助，可气度狭小的奥布里却因昔日自己的部下拿破仑在土伦大展雄威而故意为难他，让擅长炮兵指挥的拿破仑担任步兵指挥军官。

对于这份新差事，拿破仑非常愤怒地拒绝了。他认为那里并不能施展自己的才能，他的专长是炮兵，将他从炮兵调到步兵简直就是对他的侮辱。而救国委员会却因拿破仑拒绝接受任命下令将他的名字从现役将官名册上销掉。

这一意想不到的打击深深地刺伤了拿破仑。在寄居在麦乐路距广场不远的一所破房子中，他又开始了贫困的生活。在这期间，他与黛丝蕾之间互相写了许多封思念彼此的信件，这些信也成为拿破仑苦闷生活中的一抹亮色。然而突然有一天，拿破仑再也收不到黛丝蕾的信了。后来他才知道，黛丝蕾已经搬迁到意大利去了。

拿破仑的耐心等待终于有了转机，救国委员会的奥布里被调离，接替他的岗位的是个名叫杜尔塞·德·皮泰库朗的年轻人。拿破仑马上想方设法接近他，这次他的努力终于没有白费，他被委派到救国委员会测绘局任职。

入职后，拿破仑经过深入的研究，为阿尔卑斯方面军和意大利方面军草拟了一份作战方案，皮泰库朗十分满意，他准备给拿破仑晋级。

然而不久以后，皮泰库朗便离开了救国委员会，中央委员会在审查拿破仑的最近行为后，将他从将领名册中再次除名，并且还吊销了他的军衔。

不断遭受打击，让拿破仑一筹莫展。他又到巴黎的各个部队去，希望能找到欣赏自己的将领，但巴黎各部队因拿破仑支持前任政府的原因，处处对他充满敌意，根本不给他任何机会。

就在拿破仑灰心丧气之时，命运之神再一次眷顾了他，并最终给了他一次展翅高飞的机会。在经历了3个多星期煎熬后，拿破仑被当时担任国民公会主席的巴拉斯看中，遂被任命为国民自卫军的副司令官。

巴拉斯在1789年时为三级代表，1792年为国民公会议员，1793年参与了围攻土伦的战役，是热月政变的一个策划者，政变后担任救国委员会委员，并成了巴黎武装力量的主宰。巴拉斯为人无比自信，而且善于辞令，擅长玩弄权术，但他却缺少军队统帅的才能，整天过着纸醉金迷的生活。

当时，热月党虽然把持着法国政权，但统治并不稳固，因为政变并没有给广大民众带来实际利益，而且新政府还取消了法国人民有权反对违背人民意志的诸项条款，导致怨声载道。百姓纷纷向热月党政权抗议，指责其政权不能为他们带来安定的生活。

此时，保王党人趁火打劫，在英政府的支持下，拥立路易十六的弟弟为路易十八，并纠结保王党徒，准备将热月政权扼杀在摇篮中。他们在里昂、马赛等法国南部地区纷纷叛乱，绞杀热月党人；还拉拢负责保卫巴黎的梅努将军，聚集了4万多人，准备与热月党人决一死战。

当时，国民公会的力量比保王党派差一大截，在巴黎也只有5000人的兵力。面对不利的形势，热月党撤销了梅努将军的职务，让巴拉斯登上巴黎武装部队司令的宝座。但缺乏军事才能的巴拉斯却急需一个能征善战的下属，替他将那些叛乱分子一一清除。

这时，他想到了拿破仑——那个穿着破旧的灰大衣，曾几次找他帮忙的瘦削年轻人。他很了解拿破仑，对拿破仑在土伦显示出来的军事才能也很清楚，因为他自己就曾经参与过这场战斗。

于是，巴拉斯将拿破仑找来，问他是否能将叛乱镇压下去。拿破仑考虑了几分钟，随即给出肯定的答复。但他附加了一个条件，那就是：谁也不能干涉他的指挥。巴拉斯答应了拿破仑的条件。

就这样，一个任命拿破仑为军队副总司令官的提案被国民公会通过了。这个任命也让拿破仑在不久的将来便有了一个新的代号——葡月将军。

拿破仑的身高不足1.7米，最怕人家说他矮。有一次，他想取下书架上的一本书，但因为书架太高，他够不到，就叫人搬凳子给他。此时，一位刚好在那里的将军说："陛下，不用搬凳子了，我来帮您取吧，我比您要高。""你是想说，你比我长是吗？"拿破仑当即予以纠正。

第四章　开始征服之旅

人生的光荣，不在于永不言败，而在于能够屡败屡起。

——拿破仑

（一）

拿破仑临危受命之时，热月政权的统治已经岌岌可危，法国大部分地区已被保王党部队所控制。敌众我寡，敌强我弱，但拿破仑却丝毫不担心，他对自己与生俱来的军事才能充满信心。

拿破仑出身炮兵，对大炮最为熟悉，指挥炮兵也最得心应手。在任职后，他首先想到的也是如何用大炮进攻的计划。他先从巴黎西北的萨布隆营房弄来了闲置在那里的40门大炮，然后吩咐从宪兵营中征发炮手布置在杜伊勒里宫。他还把凡尔赛的骑兵也调到巴黎，重新部署了国民公会的防卫，大大加强了巴黎的保卫工作。

在准备作战过程时，士兵们对战役的取胜毫无把握。面对这支萎靡之师，拿破仑深知统帅是部队的榜样这样的道理。他必须让士兵们相信，在他的指挥下打胜仗是理所当然的事。因此，拿破仑下令干脆利落，清楚及时，士兵们纷纷惊叹不已。

拿破仑还亲自到部队中鼓舞士气，他的鼓动演说抑扬顿挫，语气坚定，充满了必胜的信念，听得士兵们心潮澎湃，部队热情很快就被带动起来，士兵们个个都生龙活虎般地投入到战前准备当中。

1795年10月5日（法国的葡月），巴黎细雨蒙蒙。拿破仑已经获得情报，保王党人将于这天进攻巴黎的杜伊勒里宫，因此早早地做好了准备。他在叛军必经的交通要塞布下重兵，在街道两旁架设了重磅炮，只等他们送上门来了。

下午4时，叛军队伍从各条街道蜂拥而至，向各个据点发起进攻。拿破仑镇定自若，看准时机下令开炮。顿时，火炮齐发，巴黎上空轰隆声振聋发聩。密集的叛军队伍被大炮一轰，顿时乱作一团，不少叛军还被大炮炸得血肉横飞。他们没想到会遭遇如此有威力的火炮阻击，叛军先头部队被击溃，后面的保王派队伍立刻乱成一团。

在拿破仑的指挥之下，战斗进行得异常激烈。第二天，叛军便宣布投降，并解除了全部武装，热月党得救了。

在平叛战斗中，拿破仑指挥若定，身先士卒，他的战马两度中弹身亡。当他踏着叛军的尸体接受人民的欢呼时，他已经是骑在第三匹战马上了。

这次战斗让拿破仑成为巴黎人民心目中的英雄。他们认为是拿破仑的英明和勇敢挽救了共和国。在巴黎人的口中，"拿破仑"三个字一时间成为出现频率最高的词汇，人们纷纷尊称他为"葡月将军"。

叛乱被平定后，国民公会正式建立了共和政府，设立元老院，巴拉斯执掌了督政府的大权。国民公会还一致决定，任命拿破仑为法国内防军总司令，兼任巴黎卫戍副司令，并晋升少将。

这位曾经不修边幅、寒酸落魄的年轻人，在这次命运转折的一战之后，社会地位迅速提升，迈向权力巅峰的命运之门从此打开。拿破仑也开始往返于各种上流社会的宴会之中，并在宴会上结识了一位迷人的贵妇。

（二）

葡月战争让拿破仑一跃成为巴黎上层社会的显赫人物，在各种名流宴会上，拿破仑也受到热情的欢迎。在巴拉斯举行的一次宴会上，拿破仑结识了一位名叫约瑟芬·德·博阿尔内的寡妇。约瑟芬的美貌和高雅的举止一下子就深深地吸引了拿破仑，他开始追求这个比自己大6岁的寡妇。

约瑟芬于1763年出生在拉丁美洲的马提尼克岛，父亲是法国王室骑兵队的队长，属于贵族阶层。15岁时，约瑟芬嫁给了马提尼克岛总督博阿尔内18岁的儿子，婚后生有一子一女。

1794年，博阿尔内因被控"叛国罪"而被送上了断头台，约瑟芬也因丈夫的牵连受到监禁。但后因热月党人、后来成为巴拉斯情妇的塔里昂的干预，约瑟芬被释放出来。

此后，约瑟芬便经常与塔里昂一起出入巴黎上层人物的宴会，成为各个宴会上引人注目的女性。也是在这种宴会上，她邂逅了拿破仑。

在拿破仑的热烈追求下，1796年3月9日，在巴黎市政府里，拿破仑与约瑟芬举行了没有任何宗教仪式的婚礼，巴拉斯和塔里昂是他们的证婚人。

在结婚的前一周，拿破仑就被任命为法国意大利方面军的司令官。当时，法国为了彻底打败欧洲第一次反法联盟，完全解除外来的军事威胁，督政府主要进攻的目标是奥地利军队，理想的战场是德国的南部和西部。为此，法军统帅部提出一个作战方案，计划派出两路大军，分别由儒尔当将军和莫罗将军统帅，在莱茵河一线展开，同时向东推进，矛头直指奥国首都维也纳。

就在法国革命军积极准备北线作战时，担任巴黎戍卫司令的拿破仑提出他已多次建议的南线作战计划。拿破仑曾多次向督政府提出进军意大利的建议，但都没有被采纳。如今，既然决定主动进攻奥地利，督政府对拿破仑的建议也开始加以考虑起来。

拿破仑认为，要打败奥地利，扩大法国革命的影响，就应该开辟南线战场。具体来说，首先要歼灭奥地利和撒丁王国的联盟军队，夺取皮埃蒙特和伦巴第地区，将奥军逐出意大利，将战场推向提罗尔和奥国本土。

这一战略一举两得，既可以解除法国东南部所受的威胁，还能避开奥地利的主力军团，从南面迂回到奥国的首都维也纳。鉴于拿破仑的军事威望和其建议的实际价值，督政府同意了拿破仑的作战计划，并任命他接替原意大利军团总司令的职务。

1796年3月11日，刚刚结婚三天的拿破仑便告别了妻子约瑟芬，踏上了征服意大利的征途，开始了他那惊天动地的人生历程。

（三）

1796年3月27日，拿破仑到达了达尼斯的意大利军团司令部。看到军队的现状后，拿破仑大吃一惊：意大利方面军看起来就像一群毫无斗志的乌合之众。在过去两年的时间里，有5个司令官先后指挥过这支军队，他们全都是年迈的无能之士。部队原本就士气低落，频繁更换司令更令他们垂头丧气。

军队的装备也非常差，没有营帐，没有运输工具，连步枪和刺刀都没有，大炮和弹药也处于极度匮乏的状态。

军队也毫无纪律可言，违抗命令、逃跑、酗酒闹事等自由散漫的事情，在这支队伍中已经司空见惯。

对于拿破仑这位新来的司令官，部队中的军官和士兵们并不尊重他，更谈不上欢迎了。他们编造各种谣言，嘲笑和丑化这位小个子、其貌不扬的年轻司令官。

面对这样一堆让人头痛的问题，拿破仑并不气馁。他以最快的速度开始着手解决，首先就是满足士兵们的物质需求。他利用各种军事手段，从富足的银行家那里弄来一笔为数不小的经费，将其当做政府长期不发的军饷补发给士兵。此举深得军心，部队的怨气大大减弱。

随后，拿破仑又通过迅速改组兵站和后勤部门解决了令士兵们不满的其他问题，并且整顿军风，严明军纪。

一次，当拿破仑与部队的几位军官讨论作战方案时，他的建议得到了军官们的默许。但他们对拿破仑那种不容置疑的口气感到不满，觉得他过于狂妄。就在拿破仑问几位军官还有什么问题时，身材高大魁梧的奥热罗将军站了起来，劈头问道：

"拿破仑将军，请问您为什么在房间里还要戴着帽子？"

拿破仑此时的心绪完全沉浸在那场即将打响的战斗中，对奥热罗的问题感到一愣。他注视着奥热罗，发现奥热罗的笑容里隐含着调侃和讽刺。拿破仑意识到，奥热罗是在讥讽他矮小的身材。

对于下属这种无理的轻蔑，拿破仑觉得自己的威信受到了挑战，他必须反击以挽回自己的尊严。因此，拿破仑大步流星地走到高大的奥热罗面前，昂起头，严肃地对他说：

"将军，我的个子的确比你矮。但是，如果你因此而自以为是地蔑视我，那么，我会马上命令砍下你的脑袋，消除这个差别！"

一听这话，奥热罗的笑脸马上僵硬了。他马上恭敬地对拿破仑说：

"将军，我绝对地尊重并服从您！"

周围的几位军官看到这一幕后，暗自折服于这位年轻的司令官。自此以后，他们再也不敢轻视拿破仑了。

在军中树立起威信后，拿破仑又雷厉风行地开始整治涣散成性的士兵们。他还经常到部队中走动，以精力充沛的形象鼓舞士兵们的士气。

在进行卓有成效的整顿之后，拿破仑拔剑出鞘。在出征之前，拿破仑向士兵们发表了慷慨激昂的演讲：

"我的勇士们，你们远离家乡，经受了饥饿与死亡的恐惧，我们的政府却没有给予你们应有的回报。现在，你们的前方就是意大利，那里有着丰足的粮食、富裕的城镇、耀眼的珠宝，我将带领你们到那片富庶的平原。在那里，你们将赢得你们的财富和荣耀。士兵们，你们将会为之英勇战斗吗？"

"会——"士兵们被拿破仑的激情演说煽动得热血沸腾，喊声响彻云霄。

1796年4月5日，拿破仑率领着这支经过认真整顿的军队向皮埃蒙特平原进发了。

（四）

拿破仑面对的敌人十分强大。当时驻守在皮埃蒙特境内的军队有两支，一支是由博立尔率领的奥地利军，一支是由克利率领的撒丁军，共计8万人，并且配备强大的骑兵和压倒优势的炮兵。而拿破仑的军队只有4万多人，且炮兵和骑兵都明显不足。

面对敌强我弱的阵势，拿破仑并不气馁。凭着对当地地形的熟悉，拿破仑迅速作出判断：在蒙特诺特附近的一片楔形山区，是奥撒联军易受攻击的弱点所在。于是，他决定集中兵力首先从这里打击敌军，将奥军和撒军双方切断，从而让自己一开始就掌握战争的主动权。

然而就在战争即将开始之时，一件突发事件打乱了拿破仑的部署。原来，由于内忧外患，法国政府财源短缺，曾在1796年3月间派人前往热那亚借贷，但遭到拒绝。督政府决定给热那亚人施压，迫使其同意借款。于是，督政府决定派出一支军队威胁热那亚，并想到了拿破仑的军队。他们命令拿破仑防守在萨沃纳的军队向离热那亚只有10千米的沃尔特里推进。

这一行动震惊了奥军，他们误以为法国人要进军热那亚，急忙敦促博立尔元帅南下援助热那亚。

对于督政府的这一命令，拿破仑大为光火，因为这样不仅打乱了他的行动计划，还破坏了热那亚的中立国地位，导致法国远征军丧失了一个重要的补给港口。

不过拿破仑很快发现，督政府的这一命令也有好处，那就是可以分散敌人的兵力和注意力。拿破仑看准这一时机，于4月6日命令防守在萨沃纳的军队余部继续向沃尔特里增援，以迷惑奥撒联军。

拿破仑的作战方法并没有被博立尔识破，他依然错误地认为法军主攻方向是热那亚，因此源源不断地将兵力调往热那亚。4月10日，博立尔率领的左路军抵达沃尔特里，并向驻扎在那里的法军发起猛攻。

奥军的这一行动使奥军左翼远远离开了中路部队。此时的中路部队已经占领了蒙特诺特，而克利率领的撒丁军团还在很远的西面，奥军中路陷入左右无援的孤立境地。拿破仑抓住这个战机，果断集中兵力，首先击败了孤立无援的中路军。

两天后，博立尔才得知自己的中路军已经被拿破仑的部队击溃了，此时才发现自己中了圈套，但为时已晚。就这样，拿破仑凭着敏锐的洞察力和迅速、果断的行动，取得了出征后第一个战役的胜利。

奥军在蒙特诺特失利后，便退守米里希摩和代戈，企图在那里等待博立尔和克利将军的援助。拿破仑在洞悉敌人的意图后，立即决定乘胜追击，不给敌人喘息的机会，趁两翼敌人来不及向中路增援之际，兵分两路，以最快的速度攻占了米里希摩和代戈。

14日，克利率领的增援部队赶到，拿破仑亲率部队与前来增援的部队交战，并一举击败了克利的部队。

在夺下代戈后，法军士气激昂，遂挥师西进，又攻打了驻守在切瓦的撒丁军队。4月16日，拿破仑下令对切瓦的撒军发起进攻。而克利将军为避免落入被法军包围的危险，命令部队放弃了切瓦，退到科萨利亚河岸。

占领切瓦的法军尾随撒军西进，对撒军发起抢攻。但由于准备不足，指挥官奥热罗和马塞纳未能及时赶到敌军后面，对地形也颇为陌生，加上塔纳罗河泛滥，法军此次进攻伤亡惨重。

拿破仑迅速召集军官，研究战局，而军官们都坚决主张向撒军再度发起进攻，这充分表明了当时在军队中有一股热忱鼓舞着法军将领们。最后，拿破仑和将军们一致决定：不论士兵如何疲劳，都必须再次向撒军发起进攻，否则法军就会面临两线作战的危险。

然而4月22日，法军正准备发起进攻时，却发现撒军自动撤出了阵地，匆忙向西边的芒多维撤退了。

原来，克利将军想避开法军锋芒，将部队转移到芒多维东面一个更有利的阵地上。可他没想到，这一行动不仅让拿破仑轻而易举地占领了几天来都攻击不下的坚固阵地，在撤军过程中还遭到了法军优势兵力的包围。

法军强有力的打击令撒军丧失了全部的大炮、辎重以及最精锐的部队，再也无力抵御法军的进攻。撒丁国王被迫宣布退出战争，派代表到都灵南面的凯拉斯科城与拿破仑进行谈判。

（五）

4月28日，撒丁的代表与拿破仑的谈判开始了。拿破仑以胜利者的身份向撒丁国王提出了非常苛刻的条件：撒丁必须退出反法同盟，并派全权代表去巴黎缔结和约；撒军必须交出科尼、切瓦和托尔托纳三个军事要塞；在托尔托纳移交法军之前，暂时交出亚历山大里亚；法军将控制目前所占领的一切地方等等。

拿破仑的条件遭到了撒丁代表的严词拒绝，谈判气氛十分紧张，甚至一度陷入僵局。最后，拿破仑充分利用他的外交才能，利用胜利不断向撒丁代表施加压力，终于迫使其接受了全部条件。这样，皮埃蒙特，这个通往意大利北部的大门，在不到一个月的短短时间里就被拿破仑打开了。

皮埃蒙特的胜利，使北意大利的战略形势发生了根本性的变化。拿破仑决定，充分利用协议给他提供的有利条件，将战争推向奥地利在北意大利的蜀地伦巴第。

1796年4月底，博立尔亲自率领一支骑兵部队突袭了亚历山大里亚、托尔托纳和瓦伦察三个要塞，但都遭到失败。无奈之下，博立尔慌忙率领主力退守波河北岸，企图借助波河挡住法军直驱伦巴第首府。

为了渡河，拿破仑采取了一系列巧妙的战术，迂回行动，避开了奥军的抵抗线，将在波河上游的几万名奥军置于无用之地，从而在几乎没有任何威胁的情况下轻而易举地进入了伦巴第，使奥军在一开始就陷入一种非常不利的境地。

博立尔得知拿破仑已经渡过波河，发现自己再次上当了。他心急火燎地率领奥军主力前往皮亚琴察，企图在那里使法军背靠波河一战。但拿破仑却根本无心恋战，他很清楚，在这个危险的地方迎战奥军主力有害无益，他率领部队迅速向弗米奥推进。

5月8日，两军先头部队在弗米奥相遇，遂展开交锋。奥军很快便抵御不住，向洛迪和米兰方向撤退。

洛迪位于米兰东南方向约40千米的地方，阿达河的下游，交通便利，军事地位十分重要。因此，奥军始终对洛迪没有放弃。博立尔估计拿破仑可能会从洛迪方向渡河，因此在撤离阿达河时留下了一支重兵，并在阿达河附近布置了30门大炮，还打算炸毁这座桥，阻止法军过河。

5月10日，奥军向阿达河行进，准备炸桥。拿破仑发现后，调来大炮猛烈轰击对岸的奥军，致使奥军无法靠近桥头，不得不放弃炸桥的打算。

傍晚6时，拿破仑秘密抽调最精锐的队伍组成一支突击队，进行夺桥之战。可是，突击队很快就被敌人的炮火击退了。

见此情景，拿破仑意识到，司令官是战争中最好的作战表率，自己的行动也是对士兵们最有力的鼓舞。因此，他亲自带领贝尔蒂埃、马塞纳、拉纳等高级将领赶赴阵地，冒着生命危险，向阿达河桥冲杀。

在拿破仑的鼓舞之下，法军的军官和士兵们士气大涨，再度向对岸的奥军发起猛烈冲击。一些士兵发现阿达河的河水很浅，于是纷纷跳到河中，蹚水前行，向对岸的奥军射击，配合冲锋，结果这支潮水一般的冲锋队伍一举打通了这座桥。

过桥后，法军整队冲向奥军阵线。奥军阵线瞬间土崩瓦解，死伤众多。博立尔见败局已定，仓皇率残兵败将越过波河的另一条支河明桥河，逃遁而去。

洛迪战役充分体现了拿破仑高超的统帅才能和娴熟的指挥艺术，而他在这次战斗中所表现出来的斯巴达式的勇敢，更是受到士兵们的热情赞扬。他们以大革命时期那种共和派传统的同志式态度，亲热地称呼他为"小伍长"。一夜之间，拿破仑成为人们心目中的传奇式英雄。

5月14日，法军马纳塞师和奥热罗师抵达伦巴第首府米兰城下，2000名守敌宣布无条件投降。15日，法军在人们的欢呼声中浩浩荡荡地开进了繁华肃穆的米兰城。从此，奥地利人在伦巴第的长期统治便不复存在了。

第五章　挺进意大利

　　我的勤奋和我的荣誉，在我死后仍将足以鼓舞千秋万代
的青年。

——拿破仑

（一）

　　1796年5月下旬，在北意大利战场上的法军主力经过短暂的休整后开始向东挺进，追击奥军残部。几天后，法军占领了威尼斯共和国领土上最大的城市布利西亚。随后，法军又继续向加尔达湖至曼图亚一线挺进。5月底，法军抵达了奥地利人在北意大利最后赖以抵抗的一道天然屏障明桥河，逼近了欧洲最著名的军事要塞曼图亚。

　　曼图亚位于波河与明桥河的交汇处，地形险要，工事坚固，可屯兵数万，有"意大利的钥匙"之称。如今，曼图亚是奥军在意大利的唯一一个重要基点，因此奥军对其势在必守；而法军对此则势在必得，因为只有这样才能控制北意大利，并打通前往德奥之路。

　　奥地利皇帝弗朗西斯为使意大利不落入法军之手，发誓要不惜任何代价为曼图亚解围。鉴于博立尔的屡屡失败，他任命在莱茵地区战役中颇有名气的维尔姆泽将军去驻守曼图亚城。

　　维尔姆泽将军率领精锐部队4.7万人前来曼图亚城解围，但他犯了

与博立尔同样的错误，那就是在部署兵力时将兵力分散，致使分队无法取得联系，彼此之间在危急时刻无法救援。

7月29日，维尔姆泽向法军先头部队的马塞纳师发动突然进攻。经过一天的激战，维尔姆泽迫使法军从阿迪杰河与加尔达湖之间的中心地带退后约20千米。遭到如此措手不及的打击，马塞纳只好舍弃军事重镇维罗纳逃走。

与此同时，在加尔达湖的西岸，1.8万名奥军攻下了萨洛，继续南下，直到8月1日才被在布利西亚的法军将领奥热罗部拦截。

战事的进展对法军很不利，不久又传来利奥里与卡洛纳失守的消息。情况十分危急，拿破仑立即向各地法军将领发出急令，命令他们迅速率部前往加尔达湖南端集结。

拿破仑在分析了眼前的战况后，决定暂时放弃对曼图亚要塞的围攻，集中兵力向得不到其他两路纵队支援的克斯塔诺维奇分队进发。7月31日，法军将大炮埋入战壕，匆忙撤离曼图亚。维尔姆泽对拿破仑的计划一无所知，以为拿破仑是因为害怕自己才仓皇撤退。随后，维尔姆泽不费吹灰之力进入了曼图亚。

就在维尔姆泽沾沾自喜，幻想着全国的胜利时，坏消息传来了：拿破仑击溃了克斯塔诺维奇的部队，克斯塔诺维奇已率残部逃亡到老巢提罗尔。

维尔姆泽至此才知道自己中了拿破仑的圈套。他立即率兵离开曼图亚，企图与克斯塔诺维奇取得联系。但为时已晚，拿破仑的主力部队已经像猛虎一样朝他扑来了。

8月5日，两军在卡斯蒂里恩相遇。法军势不可当，12门重炮一齐发射，打得奥军晕头转向。维尔姆泽这才明白，法军撤退只是个圈套，为的是消灭他的后援部队。

在法军的强大攻势之下，奥军终于抵挡不住了，被迫向明桥河撤退。

在这场战斗中，拿破仑和他的军队整整打了7天，从未脱过靴子，也没有睡过觉，无休止地急行军，一仗接一仗。如今，维尔姆泽虽然已经撤退了，但拿破仑依然没有就此让部队休息。这支如同钢铁一般坚强的部队又马不停蹄地，以迅雷不及掩耳之势再次包围了曼图亚。

维尔姆泽不甘心失败，他征集了5万兵力，打算再次分离解除曼图亚之围，将法军赶出伦巴第。然而，维尔姆泽再次犯了错，他亲率3万人向曼图亚进发，命达尔多维奇率2万人留在罗维尔托，以掩护提罗尔。

拿破仑获悉后，按兵不动，等维尔姆泽率领部队到达巴萨诺，完全脱离后方部队时，拿破仑立即调动强大兵力疾趋罗维尔托，速度之快简直令人难以置信。

9月4日，法军抵达罗维尔托，向那里的奥军发起猛烈冲锋，奥军被打得落花流水，达尔多维奇也不得不撤出罗维尔托镇。

当维尔姆泽听说达尔多维奇全军覆没的消息后，简直惊得目瞪口呆。

在罗维尔托获胜后的两天后，拿破仑的军队如天降神兵，到达了维尔姆泽的前锋所在地普利莫拉诺。势如破竹的法军在极短的时间内便歼灭了维尔姆泽的前锋部队。

第二天，法军抵达巴萨诺，向维尔姆泽发起进攻。奥军始料未及，再遭惨败，维尔姆泽带着1.6万名残兵败将退入曼图亚城。

对于意大利战场的一再失利，奥地利宫廷非常不满，曼图亚的特殊位置促使奥地利王室再次向意大利派兵遣将。于是，作战经验丰富的60岁的老将阿尔文齐担任统帅，率领6万人马再次前去解救曼图亚要塞。

（二）

阿尔文齐以骁勇著称，但他同维尔姆泽一样，缺乏战略头脑。之前，奥军屡次因分兵作战而失利，可奥军的统帅们总想包围敌军，并从不同方面发动进攻，以期迷惑敌军。

为制止阿尔文齐前进，拿破仑派伏布阿和马塞纳驻守特兰托和巴萨诺。不料，阿尔文齐率领的这支部队是奥地利的精锐部队，来势汹汹，伏布阿和马塞纳顶不住阿尔文齐的进攻，只好沿阿迪杰河谷败退。

拿破仑闻讯后，只好自己亲率2.8万人前去接应马塞纳，阻止阿尔文齐向西同达尔多维奇会师。两军在维罗纳发生了激烈的交战，拿破仑也被迫退到维罗纳。

在经过分析后，拿破仑再次运用他那行之有效的战术——各个击破。此时，阿尔文齐已经抵达卡尔迪洛，拿破仑遂命马塞纳率军冲上这个阵地，双方展开交战，结果法军损伤惨重。

拿破仑见此情景，十分着急，一旦达尔多维奇从卡尔迪洛后方同阿尔文齐回合，后果不堪设想。在这紧急关头，拿破仑采取了一个极其大胆、完全出人意料的行动。

11月15日晚，拿破仑冒险将法军置于阿尔文齐和达尔多维奇之间，这里的地形对法军十分不利，但他想趁达尔多维奇赶来之前拿下这个据点。随即，拿破仑兵分三路，沿通往阿尔科拉村的三条堤坝冲锋。奥热罗率领第一纵队冲向阿尔科拉村的桥头，但奥军顽强地守住这条木桥，法军猛攻无效，死伤众多。

拿破仑见状，奋不顾身地抓起一面团旗便率部向前冲锋过去。混战之中，拿破仑滑向堤岸，掉进了河沟，幸亏两名军人及时相救，才把拿破仑拉起来。士兵们见司令官身处险境仍然英勇无畏，个个呐喊着英勇战斗。

16日，法军再次向桥头进攻，但仍未奏效。17日，两军继续激战。战斗进行得异常艰难，两军将士都筋疲力尽。由于一直攻不下阿尔科拉桥，法军便在阿尔伯尼河上搭建了一座桥，奥热罗率领的9000人马过河击退奥军。

此时，法军增援部队到达，战斗进入决定性阶段。中午时分，拿破仑命令对阿尔科拉村发起最后进攻，这一次法军终于成功地占领了桥头，奥军被迫向后大撤退。拿破仑依然是伦巴第无可动摇的主人。

由于拿破仑的英勇善战，这位年轻的司令官在一年之内相继击败过克利、博立尔、维尔姆泽和阿尔文齐，但奥地利人还未甘心失败，阿尔文齐奉命重整旗鼓。此时，他的手下还有4.3万人。1797年1月7日，又有6万人聚集在阿尔文齐的麾下。而此时，拿破仑的机动兵力只有3.4万人和74门火炮。

阿尔文齐发誓要救出曼图亚城中的奥军，他制定了两条作战路线：阿尔文齐率军沿阿迪杰河前进，普罗维拉统率另一军沿布兰塔河前进，两军拟在曼图亚城下会合。

拿破仑派儒贝尔驻守利沃里，阻击阿尔文齐；又派奥热罗监视普罗维拉；自己留守在维罗纳，随时准备支援任何一个需要支援的阵地。

1797年1月10日，阿尔文齐率部向阿迪杰河与加尔达湖之间的儒贝尔旅大举进攻。儒贝尔旅在强敌面前且战且退，到利沃里村后，双方展开激战。此时，拿破仑接到求援报告后，命令马塞纳和维克托旅星夜援助。

14日凌晨，拿破仑亲自带兵赶到利沃里，12支法军在拂晓时发起反攻。奥军因处于阿迪杰河的狭窄通道中而进退两难，无法展开。结果法军大获全胜，奥军5000余人当了俘虏，阿尔文齐本人侥幸脱逃。

同日下午，法军在另一地区与奥军也展开了激战。其时，普罗维拉在前一天夜里已悄悄地架起一座浮桥，乘奥热罗不注意时偷偷溜过阿迪杰河，然后直奔曼图亚。但是，到城郊时却被另一支法军塞律里埃挡住了。

普罗维拉立即派人向曼图亚城内守军发出信号，要求他们出击，里应外合。谁知城内的维尔姆泽却犹豫不决，认为法军的救援部队不会那么快赶来，执意要将进攻时间推迟到第二天再行动。

这一迟延后果严重，曼图亚守军就失去了与普罗维拉部会合的良好时机。第二天凌晨，拿破仑增派的援军已火速赶到，普罗维拉陷入三路法军的重重包围之中。眼看大势已去，普罗维拉只好带着7000人与

22门火炮向法军投降了。

普罗维拉的投降，导致了曼图亚守军的彻底覆灭。而事实证明，曼图亚要塞的最后失守，奥军的最后失败，与维尔姆泽的反应迟钝和动作缓慢有着莫大的关系。

1797年2月2日，因忍受不了饥饿和疾病的折磨，曼图亚守城奥军终于向法军投降。1.6万名战俘放下武器，只有维尔姆泽带着500名士兵，经拿破仑同意假释后走出要塞，返回奥地利。

漫长而艰难的曼图亚争夺战终于结束了。在9个月中，奥军战死者达2.7万人，有500多门大炮被法军收入囊中。法军在缺少兵力、缺乏补给的情况下，打败了装备精良、人数众多的奥军。他们大声欢呼胜利，赞颂拿破仑的英明指挥。这也是拿破仑在意大利战场上短短几个月内所创造的奇迹，他先后击退了3名奥地利名将。

接下来，拿破仑就要带着势如破竹、所向披靡的法军，去惩罚他隐忍至今的意大利教皇了。

（三）

意大利教皇庇护六世对法国革命一向怀有刻骨的仇恨，他还将曾经镇压保王党的拿破仑视为魔鬼。为此，他积极帮助奥地利抗击法国。如今，拿破仑向他复仇来了。

尽管惊恐万分的教士们号召人们为祖国和信仰而战斗，但临时拼凑起来的队伍根本不是拿破仑那支钢铁之军的对手。拿破仑未发一弹，仅仅凭借法军的强大威慑力，就令他们纷纷自动投降了。败局已定，教皇只能无奈地向拿破仑求和。

1797年2月19日，双方在托伦蒂诺签订和约。和约规定：教皇不再支持奥军，将波伦亚、费拉拉、罗巴格纳和安科纳等教皇属地割让给法国；赔偿法国3000万法郎；交出博物馆中最好的油画和塑像。

现在，拿破仑已经是整个意大利北部的主人了，只有威尼斯领土除外。威尼斯使节前来要求保持中立，拿破仑答应了他们的请求。随即，拿破仑在阿迪杰河畔各城镇留下若干守军监视威尼斯的中立，自己则率军直驱奥地利的首都维也纳。

奥地利宫廷立即组织大军，这次奥地利任命的指挥官是一位年轻有为的将领——奥地利国王的弟弟查理大公。查理大公曾在莱茵战役中挫败两位战争艺术大师儒尔当将军和莫罗将军。此时，奥地利帝国最后一线希望全部寄托在他的身上了。

为阻止法军从意大利进入奥地利，查理大公扼守要道，在塔利亚曼托河对岸、崎岖的卡林西亚山前严密布防。拿破仑在了解了奥军的部署后，立即派马塞纳师前往奥军卢津扬师坚守的皮亚河一带，冲击奥军的侧翼，自己则从正面进攻查理大公。英勇善战的马塞纳很快就击退了卢津扬，驱散了奥军的侧翼。

3月12日，拿破仑成功渡过塔利亚曼托河。2小时后，拿破仑率领的法军以排山倒海之势冲向奥军。

查理大公的部队虽然也表现英勇，但与拿破仑的部队相比还是差了一大截。无奈之下，查理大公只得撤退，法军攻占了格拉迪斯卡，俘虏奥军5000余人。

几天后，拿破仑又占领了利亚斯特、阜姆以及卡林西亚地区的每一处坚强据点。此后，查理大公虽竭力保卫每一寸土地，但始终未能恢复在塔利亚曼托河惨败所伤的元气，不得已只能退往维也纳。

绝望之间，查理大公得到情报称，提罗尔边界的奥军司令劳顿将军已率军下驰，凭借优势兵力击退了拿破仑设在阿迪杰河上游的代理司令官，占领了整个提罗尔及伦巴第若干城镇。威尼斯参议会获悉奥军获胜，终于鼓起勇气抛开他们的中立立场，对法宣战。

随后，威尼斯军队越过边界，截断了拿破仑从后方获得补给的路线。查理大公决定趁机与拿破仑决一死战。

此时的法军正向维也纳推进，维也纳皇宫中的人整天心惊胆战，担心哪一天成了拿破仑的俘虏，奥地利国王弗朗西斯二世已经准备向法国请求议和。

拿破仑一心想将法兰西共和国的国旗插上维也纳的城头，因此他上书督政府，请求支援。但督政府并没有答应拿破仑的请求，并告诉拿破仑，他们已经同意奥皇的议和请求。拿破仑不得不暂停进攻。

4月2日，法军马塞纳部的前卫进入施蒂里亚省，在此穿过谢弗林和犹登堡向穆尔河谷挺进。到4月4日，奥军的抵抗完全停止。4月9日，马塞纳部经累欧本到达布鲁克，此地距离维也纳只有148千米。

眼看大势已去，查理大公派出代表与拿破仑会晤，尔后双方达成了一项休战协定。4月18日，双方草签了一项和约，战争以拿破仑的胜利而告终。

拿破仑自累欧本回师后，毫不留情地报复了出尔反尔的威尼斯。他派兵占领了威尼斯，并改组其政府，还向威尼斯索取了300万法郎的黄金、300万法郎海军物资、5艘战舰、20幅最精美的油画和500部珍贵的原稿。自此，威尼斯的独立地位再也不复存在了。

6月29日，拿破仑宣布在意大利北部以伦巴第为中心成立阿尔卑斯共和国。在这里，他废除了奥地利的一套政府机构，组成了市政府和国民自卫军。这个仿效法兰西政体的共和国版图北起阿尔卑斯山脉，南至里米尼，西迄提契诺河，东达明桥河，成为法兰西有力的同盟国。

第六章　光荣凯旋

凡事必须要有统一和决断，因此，胜利不站在智慧的一方，而站在自信的一方。

——拿破仑

（一）

随着拿破仑的战绩越来越令人瞩目，巴黎督政府对拿破仑日渐增长的权势和不断提高的声望也越来越感到不安。督政府的政要官员一方面贪得无厌地享受着拿破仑从撒丁王国、教皇国和意大利各公国勒索来的大量财物，并兴致勃勃地欣赏着拿破仑掠夺来的一流油画和雕像，一方面又从心底厌恶这个才华非凡、桀骜不驯的年轻军官，害怕他的功业有朝一日会动摇自己的统治地位。

督政府的担心不是没有道理，此时的拿破仑不再是获胜共和国的一位将军，而是一位按照自己意志行事的征服者。他有更为远大的理想，那就是成为未来的领袖。他对法国外交官奥·德·梅里托说：

"您是否设想我在意大利的胜利仅仅是为了给督政府的那些律师们，为了给卡尔诺和巴拉斯增添荣誉？……国家需要一个领袖，一个以其功业驰名的领袖，而不是一个以其管理学说以及理想家的高谈阔论和讲演闻名的领袖。"

为了实现自己的雄心壮志，住在米兰的拿破仑时刻都在密切注视着巴黎的动向。

1797年5月的一天，拿破仑收到法军占领地里亚斯特一位急使送来的公事包，这个公事包是从一个名叫德·昂特雷格的保王党那里没收来的。在这个公事包中，拿破仑发现了一个惊人的文件，那就是五百人院的主席、因征服荷兰而出名的皮什格鲁将军暗通保王党，企图帮助保王党推翻现任的督政府。拿破仑觉得自己的机会来了，他要有所行动了。

这时，巴黎的政局的确是动荡不安。在法国葡月流血事件发生后，保王党虽然元气大伤，但其余孽在法国西部重新发动暴乱；法国国内还有一些人暗暗联合起来，企图推翻现存的私有财产制度，实现共产主义。但这些过激的革命运动因走漏风声而以失败告终，主谋们也在1797年5月被送上了断头台，追随者们则全部被流放。

激进分子的行动失败了，但他们的企图却让资产阶级震惊，也令法国人民震惊不已，尤其是那些定居在被没收的贵族和僧侣土地上的农民，他们害怕一旦这些革命成功，他们所居住的土地也会被没收，他们将再次变为无家可归的流浪者。在经历了一连串的政变后，人们需要休养生息，过平静的生活，不再希望发生任何动乱和革命。

人们的情感转向对保王党十分有利，趁着督政府惩治那些激进分子时，保王党出手了。在改选元老院和五百人院的三分之一议员时，保王党赢得了大部分的席位。巴拉斯、勒贝尔等督政府官员虽然经常开会计划对保王党下手，但最终也没有付诸实施。形势对巴拉斯一派十分不利。

在米兰截获了保王党公事包的拿破仑预见到：保王党和共和党之间的斗争即将爆发了。对此，他的下属和朋友们开始催促他立即决定自己的立场，但拿破仑考虑再三，认为现在自己的功劳还不足以支持他获得最高权力，因此他决定保卫共和国，反对王政。

其实在拿破仑的内心里，他早就瞧不起那个懦弱、毫无决断的督政府了，并且也做好了不能永远为督政府服务的打算，但他更不希望波旁王朝取胜。所以，保卫这个令他不屑一顾的督政府，无非就是保卫一个能让他达到权力巅峰的政权而已。

（二）

拿破仑的政治手段非常高明，他不会让自己在众目睽睽之下锋芒毕露，他要秘密采取行动。

1797年7月27日，拿破仑派遣政治观点偏激而又好大喜功的将军奥热罗回到巴黎。奥热罗是部队中最善战的一个师的师长，同时他还会吹嘘自己英勇而贬低他的主将。这样，拿破仑就将自己置于这个政治漩涡之外了。

拿破仑给巴拉斯写了一张字条，称奥热罗是为"料理私事"回巴黎的，同时还带去了军队的请愿书，表示"远征意大利的军人们绝对效忠于宪法，效忠于督政府"。没有人会怀疑拿破仑是秘密指示奥热罗去执行政变的，拿破仑将自己的企图掩盖得严严实实。

奥热罗回到巴黎后，口口声声要杀光保王派，督政府还任命奥热罗为军事司令官。1797年9月4日，奥热罗下令所有部队开赴指定地点，占领了首都所有战略要地，然后闯入五百人院，将那里的保王派和他们的头领皮什格鲁将军都投进了监狱，大批保王党人遭到逮捕。就这样，政变在没有任何抵抗下便圆满完成了。

政变胜利了，拿破仑向督政府表示祝贺。然而，督政府对拿破仑始终不放心，他们想方设法对付拿破仑。现在，领导政变胜利的奥热罗成了他们的"新武器"。奥热罗被任命为莱茵方面几万大军的指挥官，这让这位虚荣心极强的将军认为自己已经可以与拿破仑平起平坐了。

在督政府的怂恿和支持下，奥热罗向自己的上级拿破仑发出了趾高气扬的指责声明，这让拿破仑异常愤怒，他使出了自己的杀手锏。

9月25日，拿破仑向督政府提出辞职。督政府自然是不会批准的，因为他们只是想打压一下拿破仑的气焰，他们还需要拿破仑为他们稳固政变后的江山呢！对于这个与胜利画等号的年轻人，他们只能暂时忍耐，拿破仑仍然是意大利方面军的总司令。

巴黎政局的动荡乐坏了奥地利和整个君主制的欧洲政府，他们都急切地盼望着督政府和共和国被推翻，波旁王朝复辟，从而得以收复所有被法国占领的土地。但政变中保王党的溃败令他们的幻想破灭了。拿破仑看准时机，要求督政府尽快与奥地利签订正式和约。

9月27日，双方谈判开始了。这是一场艰难而漫长的谈判，双方都互不相让，谈判甚至一度出现僵局。

这时，巴黎发出最后通牒：若奥方拒绝法方提出的要求，则立即恢复军事行动，向维也纳进军。但拿破仑并不同意采取新的军事行动，因为此时英国正向法国发起第二次战争；奥地利在总体上也要强于法国，只是暂时和局部被打败；而法国因连年爆发动乱，急需休养生息。所以，他拒绝执行督政府要求恢复军事行动的命令，千方百计促成两国和谈。

在谈判过程中，拿破仑这个瘦小的科西嘉人的确十分善于运用外交手段，他表现出来的外交才能丝毫不逊色于其军事才能。

1797年10月7日，经过一段持久和苛刻的谈判之后，法奥两国终于在坎波福来奥签署了正式和约。根据这一和约，法国获得了奥地利的尼德兰（比利时）、莱茵河左岸的全部德意志领土以及整个意大利北部至威尼斯共和国边境。作为补偿，威尼斯的大部分变成了奥地利的一个省，剩余部分则割让给阿尔卑斯共和国。

这个和约显然是不公正的，但拿破仑通过这一和约极大地强化了法国在意大利的霸权。

（三）

拿破仑在意大利的独断专行令督政府愈加不安，他们任命拿破仑为对英作战的总司令，请拿破仑回国。

对于督政府的这些伎俩，拿破仑心知肚明。他很清楚，这是督政府害怕他权力过大，想召他回国压制他。尽管如此，拿破仑还是决定愉快地回到巴黎。

1797年12月7日，离开巴黎两年的拿破仑带着胜利的无上光荣胜利凯旋。拿破仑为法国打败了最强大的对手奥地利帝国，占领了广大的领土，在意大利传播了自由，建立了新的共和国，用价值连城的珍贵文物充实了巴黎博物馆……这一切，已经使他成为巴黎城中几乎人人都交口称赞的英雄，数不清的群众聚集在督政府门前，对拿破仑报之以暴风雨般的欢呼声和掌声。

对于人们的这种狂热情绪，拿破仑显得很镇静，事后他对人说：

"现在我凯旋了，他们对我报以欢呼；假如有一天把我送上断头台的话，他们也会这么兴高采烈、争先恐后地跑来看热闹的。"

外交部长塔列兰代表督政府发表了一篇十分讲究、对拿破仑百般阿谀的欢迎辞。随后，拿破仑也发表了一篇简短的讲话：

"各位督政、各位将士！法兰西人民为保证自由、和平与平等，必须同欧洲诸多君主作战。为了获得一部充满理性的宪法，需要战胜1800年来的政治陋习与偏见。在共和之年宪法的指导与各位的奋斗下，我们已经战胜了这些困难。宗教、封建主义和人权主义在欧洲已经盛行了2000年，而今缔结的和平条约，开创了民主与自由的新纪元，我们已经建立了一个伟大的国家。意大利是欧洲文化的发源地之一，由于法军的胜利，使意大利人民的自由灵魂已从古罗马共和时代的坟墓中苏醒。和约的签订，不仅使法国人民获得了幸福，也使全欧洲人民获得了自由与平等。"

最后，巴拉斯又上台讲演，称赞拿破仑为法国人民雪耻洗辱，恢复了法兰西民族的自我尊严。

接下来的几天里，督政府为拿破仑举行了各种欢迎宴会。对此，拿破仑并没有表现出其他年轻军人那样激动、感激的情绪来，而是态度冷淡、阴沉威严，把眼前的一切都看成是理所当然、司空见惯的事。

　　28岁的拿破仑对掌声和赞美声表现出厌倦，对这些没多大的兴趣。鲜花、掌声和赞美词对这位雄心勃勃的将军来说，实在是太微不足道了，更何况这种赞扬也未必出自真心。

　　一个月过去了，拿破仑的门庭渐渐冷落下来，他只是偶尔去官方世界混混，出席法兰西学院的各种会议。但更多的时间是待在赴意大利前居住的那所朴素的房子里，俯身读书和研究地图，有时会接待几个至爱亲朋，还有几位政界的朋友。人们注意到，这个瘦削、苍白、神情疲乏的小个子将军在听人说话时总是心不在焉，谁也猜不透他到底在想些什么。

　　事实上，这阵子的拿破仑闲极无聊，烦腻透了。他说：

　　"假如我长期这样无所事事，我就完蛋了。"

　　不过，这期间也发生了一件令拿破仑真正高兴的事，那就是在12月28日，他被法国科学院接纳为院士。在欢迎宴上，他说：

　　"我将这个头衔视为我极大的荣耀，只有这次在授衔仪式上的掌声才真正感动了我。"

　　拿破仑所言非虚。长久以来，拿破仑都崇尚科学发明，如今能做个真正的科学院院士比做个将军更让他感到自豪。此后在远征埃及期间，他所有的命令和文告上都会签上"科学院院士、东方远征军总司令"的字样。

　　在巴黎期间，拿破仑还于1798年2月10日到北部诸港作过短暂的视察。他认为，暂时不应北征英国。他想通过远征埃及以威胁通往印度的道路，以强迫顽敌屈膝投降；而且，东方早已令他心往神驰，亚历山大和凯撒的功业总在他的大脑中盘旋。拿破仑想步其后尘，在尼罗河的滚滚波涛中寻找他们的踪迹，为自己建立一个地中海帝国。

　　于是，在研究对英战略的过程中，拿破仑的宝剑逐渐指向了令他神往的东方埃及。而督政府也因急于摆脱这位讨厌的将军，因此很爽快地供给他黄金、士兵和船只，表示援助他的远征计划。

第七章　出征埃及

　　达到重要目标有两个途径——势力与毅力，势力只是少数
人所有，但坚韧不拔的毅力则多数人均可拥有。它沉默的力量
随着时间发展而至无可抵抗。

——拿破仑

（一）

　　1798年3月5日，督政府任命拿破仑为埃及远征军总司令。5月4日，
在妻子约瑟芬的陪同下，拿破仑离开巴黎。5月8日，拿破仑到达土伦。

　　在土伦，一路上疲惫不堪的拿破仑马不停蹄地巡视了海岸和海军，
并重新组建了东方军团，任贝尔蒂埃为参谋长，他的弟弟路易、继子
欧仁以及上校马尔蒙、上尉拉瓦赖特等人，组成了参谋班子。

　　在选拔士兵时，拿破仑也亲力亲为，因为此次远征要穿越炎热、一
望无际的沙漠，每个士兵都必须保证身强力壮。

　　一切准备妥当后，5月19日，远征舰队在土伦港扬帆出港，开始了
征服埃及的航程。在登船前夕，拿破仑对部队又发表了极具刺激性的
演说，并允诺每位士兵在凯旋回家时可以获得6亩的土地。

　　不过，直到轮船起锚时，士兵们还都不知道此次远征的目的地。这
次远征的目的地是严格保密的，只有包括拿破仑在内的极少数高级官

员知道。直到最后一分钟，官方还称它是英吉利军团的左翼兵力，并宣称他们要经过直布罗陀海峡绕过西班牙，取爱尔兰登陆。

这个消息传到英国海军少将纳尔逊耳中，他对此也深信不疑，并马上命令部队开赴直布罗陀海峡，在那里严阵以待。而此时，拿破仑正率领舰队向马耳他岛疾驰。

马耳他岛位于地中海中部，是大西洋通往地中海东部和印度洋的交通要塞，也是地中海最好的港口。当时，这个岛上有居民3万人，由耶路撒冷圣约翰兵团驻守。

1798年6月10日，法军舰队抵达马耳他岛，并立即登陆。岛上的士兵只作了象征性的抵抗后便投降了。随即，拿破仑宣布该岛为法兰西共和国的领土，并废除了圣约翰骑士团，没收了他们的土地，建立了新政府。

6月19日，法国舰队离开该岛，同时留下4000名法军驻守在这里，以确保地中海法军的航运能够畅通无阻。

6月30日，拿破仑的舰队顺利到达了亚历山大港附近的埃及海岸。此时，海面波涛汹涌，狂风大作，天气极其恶劣。拿破仑为避免英国海军获得消息后追来，决定让法军舰队立即在亚历山大港滩头登陆。

但是，波涛汹涌的大海很快就打乱了他的计划，登陆过程对法国士兵来说，简直就是一场噩梦。他们根本没有经过专门的登陆训练，整个舰队都被恶劣的天气搞得一团糟，登陆用的小艇也根本无法与大自然对抗，许多人溺死在海中。

尽管登陆进行得艰难而缓慢，但队伍最终还是完成了登陆过程。7月2日凌晨1时，拿破仑率领的法军踏上了埃及的土地。3时左右，拿破仑亲自率领3个师向亚历山大港出发。几个小时后，亚历山大港便落入拿破仑手中。

6天之后，拿破仑命克莱贝尔为当地和全省的司令官，率领9000名卫戍部队留守亚历山大，自己则率领其余部队向开罗进发。

在通向开罗的不到96千米的路上，将士们无一不深切地体会到了战争的艰苦性。虽然路程并不远，但因为行军是在酷热的沙漠当中进行，故而也极为艰难。

此时正是一年中最炎热的季节，在沙漠直射的骄阳下，水成了最为宝贵的东西。然而乡村居民在弃家逃走前，在井里都投了毒。除了令人作呕的咸水塘外，士兵们找不到任何能够解渴的东西。

空气里充满了毒虫，黄沙的灼光让大多数人的视力都受到了影响，许多人甚至因此而失明。路途中不见人踪、兽迹和草木，只有阿拉伯骑兵神出鬼没，不时地袭击掉队的法军。

将士们都无法忍受这种恶劣的环境，怨声载道，他们甚至愤怒地将帽徽踩入沙土中。唯有拿破仑一人超然于这一切灾难之上，他下定决心：一定要将这场战争进行到底。他说：

"只有坚强的性格才有坚强的人，只有坚强的人才能完成艰巨的事业。"

（二）

法军入侵的消息传到开罗，埃及最强大的马穆鲁克指挥官穆拉德贝伊率领2000名马穆鲁克、2000名土耳其步兵和60艘小舰队从开罗出发，前去阻击法军。

7月13日夜间，拿破仑率军沿尼罗河左岸向南进发，同时由贝雷指挥的一支法国舰队也沿河上驶。拂晓时分，法军抵达舒布拉希特，在这里遇到了穆拉德贝伊率领的马穆鲁克骑兵团。

拿破仑马上命令士兵将刺刀上好，组成方阵。面对法军寒光闪闪的刺刀，马穆鲁克骑兵毫无惧色，他们喊叫着，向法军发起猛烈进攻，但很快就遭到法军枪炮的还击，败下阵来。在法军强大火力的逼迫下，马穆鲁克骑兵不得不退向开罗。

与此同时，尼罗河上的法国舰队与马穆鲁克舰队也交上了火，法军舰队的一艘军舰被炸沉，埃及士兵登上了两艘法军帆船。正当法军舰队败局已定时，一枚炮弹正好击中了马穆鲁克旗舰上的弹药库，整个旗舰顿时灰飞烟灭。敌军大乱，慌忙撤退，法军转危为安。

战斗结束后，拿破仑立即发起追击。7月20日，拿破仑军队到达了尼罗河的分支点。这里距离开罗只有15千米，排列整齐、雄伟壮观的金字塔就在眼前。

就在法军对金字塔赞叹不已时，拿破仑登上了一个山坡，发现马穆鲁克兵早已在尼罗河两岸严阵以待了。

7月21日凌晨，在金字塔群附近的开阔地带上，穆拉德贝伊军和法军展开了对峙。马穆鲁克一方的中央是精锐的骑兵军团，由1.2万名骑士组成。骑兵军团右翼是2万名土耳其人和阿拉伯人组成的步兵军团。他们的阵地上还构筑着一道道土垒，后面设置了40门旧式大炮。骑兵团的左翼是几千名阿拉伯游牧部落士兵，有的徒步，有的骑马，有的骑骆驼，服饰武器杂乱无章。

拿破仑与参谋仔细观察了敌阵和周围的队形，很快就发现了马穆鲁克军的几个弱点：骑兵兵团队列松散，步兵更是混乱不堪；土垒简易，不足以阻挡法军步兵的攻击；铁炮安置在无法移动的海军式炮架上。

随即，拿破仑将自己的5个师摆成5个方阵，面对敌人一字排开，共约2.4万人，形成了一道不可逾越的刺刀城墙。然后，拿破仑又向士兵们发表了慷慨激昂的演说：

"战士们，在那金字塔的绝顶上，40个世纪正在俯视着你们！"

上午11点左右，战鼓声和军号声陆续响起，法军与马穆鲁克军展开激战。法军将士以密集型向深沟高垒的马穆鲁克骑兵左翼发起冲击，并打哑了火力不强的大炮。在右翼，法军也击溃了部落军，缴获了数百头骆驼。

在法军的大炮和猛烈攻击之下，穆拉德贝伊率3000名残兵仓皇逃走。

金字塔之战令拿破仑在东方声名鹊起，吓得魂飞魄散的马穆鲁克兵称拿破仑为"炮火之王"。法国也因这一战役而又获得了一个殖民地，其代价仅为30人阵亡、300人负伤。而埃及人的伤亡则是法军的几十倍。

傍晚，法军开入开罗城中，并有效控制了开罗。在开罗，法军获得了充分的补给，极度疲倦的将士们终于可以好好休息一下了。

就在拿破仑着手准备重建埃及的政治制度时，一条不幸的消息传来，让拿破仑简直惊呆了。这个消息就是：法军舰队在海上几乎全军覆没。

（三）

这场海战史上最为惨烈的大拼杀发生在1797年8月1日。

原来，英国海军少将纳尔逊在发现自己判断失误后，立即调转船头向法军舰队追来。8月1日这天，纳尔逊的舰队终于发现了停泊在阿布吉尔湾的法军战舰。拿破仑在离开亚历山大时，将舰队交由布吕埃斯将军指挥，但走时并未对其下一步行动路线作出明确指示。于是，布吕埃斯将军就将13艘战舰和4艘快速炮帆船停泊在阿布吉尔湾，但这片浩瀚的水域根本没有充分的防御设施。

英军发现法军舰队后，遂从左右两个方向向其发起猛烈进攻。法军舰队腹背受敌，只有招架之功，全无还手之力。黄昏时分，法军旗舰"东方号"爆炸，布吕埃斯将军阵亡。2日拂晓，除两艘主力舰和两艘巡洋舰得以逃脱外，其余舰只均丧失行动能力。

对于拿破仑来说，这个消息不啻晴天霹雳。一向遇到困难都能保持镇静的拿破仑，这次脸色苍白，嘴唇发抖。因为这次海战惨败的后果会非常严重，舰队的覆没会令法国海上交通线被切断，返回法国的全部希望也随之破灭，除非屈尊向不共戴天的敌人投降。

当秘书规劝拿破仑耐心等待督政府的援助时，拿破仑大声咆哮道：

"督政府里都是一群混蛋！他们嫉恨我，巴不得我死在这里才开心！"

但为了恢复法军惨败后极为沮丧的士气，拿破仑还是装出一副自信满满的样子，不在乎地说：

"这是上天在给我们机会，让我们去创造出古罗马人那样的丰功伟绩。"

舰队已经丧失，退路已被切断，拿破仑必须马上在埃及建立起绝对的统治地位才行，因为法军将要在这里停留相当长的时间。

拿破仑的身上似乎有使不完的劲，战争、防务、政府、法院机构、贸易、学术、科学等等，全都引起了他的注意。他毫不迟疑地发出一道道命令和指示，为的是防止与失败俱来的迫在眉睫的危险。8月21日，拿破仑还以法国科学院为模式，在开罗设立了埃及科学院。

为了确立法国人在埃及的绝对统治地位，拿破仑对一切与法国人作对的人都绝不手软。只要谁胆敢触怒法国士兵，谁就会受到拿破仑的严厉惩罚。

就在拿破仑竭力在埃及巩固自己的统治时，土耳其总督杰查正在阿克附近集结一支土耳其军队准备入侵埃及。原来，土耳其见自己的领地被法军占领，十分恼怒，苏丹立即派兵向埃及进发，向法军宣战。

拿破仑得到这个消息后，马上组织了有4个师汇集的1.2万人的远征队，决定先发制人，由自己亲自带队出征。

1799年2月10日，拿破仑从开罗出发。17日，法军占领了阿里什，接着又毫不费力地占领了加沙。3月4日，法军包围了雅法城，遭到守军顽强抵抗。6日，雅法城攻陷。

3月20日，法军包围了阿克城堡。阿克城堡位于三面环水的半岛上，是巴基斯坦的军事要冲，也是土耳其总督杰查赖以顽抗的据点。这里守军非常强大，有250门大炮。同时，阿克城堡还得到了一个英国海军支队的支持，这支舰队拥有两艘战舰和几艘炮艇。

3月28日，法军开始第一次强攻阿克城堡，遭到还击，未能成功。接下来的5个星期内，拿破仑不顾军队伤亡，多次组织部队强攻，结果都以失败结束。鉴于种种不利因素，拿破仑放弃了攻城计划。

5月17日，拿破仑宣布：放弃围攻阿克，返回开罗。直到6月14日，法军才疲惫不堪地抵达开罗。为了稳定人心，拿破仑发布了一些哄人的公告，他说：

"我带回了大批的战俘和军旗，我已扫平了杰查的宫殿和阿克城镇。全体居民已经由海道离开该镇，杰查受了重伤。"

不过，参加过此次战斗的士兵都很清楚，拿破仑的话只是一个彻头彻尾的谎言。

不久，拿破仑又编造了一个谎言，但这次他说谎的目的却是为了离开埃及。

（四）

1799年7月14日的一个傍晚，一名阿拉伯使者给拿破仑带来一份紧急报告。报告是驻守在亚历山大港的马尔蒙发来的。拿破仑从中获悉：一支土耳其舰队在英国和俄国舰队的保护下已抵达亚历山大港，并准备登陆。

这个消息并没有让拿破仑震惊，因为他期待这个机会已经多时了。他立即率领一个纵队出发，沿尼罗河而下，抵达拉曼尼亚。此时拿破仑获悉：土耳其兵3.8万人已抵达阿布吉尔湾，攻克了阿布吉尔要塞和堡垒，俘虏了驻守的全部法军，并且炮轰了亚历山大港。同时，穆拉德贝伊军也正重新集结，准备威胁开罗。

形势刻不容缓，拿破仑马上率领1万名法军开赴前线。7月24日拂晓，及时赶到亚历山大港的法军开始攻击土耳其军防线。在11个小时内，拿破仑就打败了土耳其军，取得了决定性的胜利，转瞬之间土耳其军队几乎全军覆没，而法军牺牲的人数不到1000人。

自从远征军抵达埃及以来，这是法军第一场真正的胜利，拿破仑得意洋洋地写道：

"这是我所看到的最出色的战役之一。"

拿破仑已经有10个月没有得到法国和欧洲的任何消息了，此刻，他迫切需要了解法国国内的最新情况，而这次打败土耳其正是他获得消息的良机。

拿破仑派使者前往土耳其送休战旗，借机打探国内消息。没想到使者被英国海军司令西德尼·史密斯中途阻拦了。他幸灾乐祸地交给使者一卷报纸，并说这是送给拿破仑的小礼物。

英国司令的小计谋得逞了，拿破仑迫不及待地看完报纸后大发雷霆。上面的消息简直就是一枚炸弹，将拿破仑炸懵了。

原来，在拿破仑远征埃及期间，一个强大的反法联盟又成立了，莱茵河地区的儒尔当将军败得一塌糊涂，舍雷尔在意大利也吃了败仗。英国海军已经成功封锁了法国和西班牙，马耳他也遭英国海军封锁。与此同时，法国国内也已四分五裂，到处弥漫着怨恨和不满情绪。

拿破仑犹如一头雄狮，大声咆哮：

"一群笨蛋，无能的傻瓜！我的一切胜利果实都丢失了！我必须马上离开埃及！马上！"

8月5日，拿破仑离开了亚历山大港，10日到达开罗。这一次，他又不得不向他的军士们撒谎。在17日召开的军事会议上，他说：

"明天一早，我就要去三角洲视察埃及的民间情况，并对这个国家的人民有一个更为深入的了解。"

拿破仑离开埃及的计划也是绝对保密的。他命令梅努将军继续留在埃及，并给克莱贝尔留下一封信，任命他为军队的总司令，继续驻守埃及，授权他可以自由考虑撤出埃及的事宜。

8月18日，拿破仑带着一批精心挑选的人才，乘着夜色悄悄离开了开罗。

海上航行单调乏味，拿破仑紧张不安。经过40多天的煎熬后，拿破仑的船队顺利地避开了英军舰队的阻拦。

1799年10月8日，拿破仑的船队终于抵达法国南岸弗雷居斯海峡附近的港口。9日黎明，拿破仑一行在土伦东边的弗雷居斯镇上岸。

当小镇的居民得知拿破仑将军回来时，平静的小镇立刻欢腾起来。一位自称为代表的来访者向拿破仑说道：

"将军，请您立即去追击敌人。如果您愿意，我们愿意拥戴您为国王。"

民众的支持和欢腾给了拿破仑准备夺取国家最高权力的信心。他决定当天晚上就返回巴黎，开始他那孤注一掷的冒险事业。

$\longrightarrow$ 拿破仑有一些怪癖。他的脑袋很大，因此常常叫人在他的帽子里塞上棉花，让人在卧室里先戴上几天，把棉花压平后再给他戴。他的双脚十分纤瘦，因此他总是让看管衣柜的人将鞋子穿一阵子，等鞋子变软后再给他穿，否则硬硬的新鞋会将他的脚硌疼。

第八章　雾月政变夺权

默认自己无能，无疑是给失败制造机会。

——拿破仑

（一）

1799年10月13日，风尘仆仆的拿破仑回到了巴黎。在5天前，督政府已经收到拿破仑回来的消息，所以当拿破仑到巴黎时，这里的欢迎场面简直沸腾到了顶点。正在开会的议会会员得知拿破仑回来，也一时休会并全体长时间鼓掌。巴黎的卫戍部队更是欢喜若狂地欢呼征服埃及统帅的到来。各家巴黎报纸也都刊登了拿破仑回到巴黎的消息。巴黎的大街小巷，只要是有人群的地方，人们都在谈论：波拿巴带来了民族的希望！

拿破仑被民众近乎疯狂的欢迎感动了。他在瞬间看到，自己远征中所遭受的一切苦难都是有回报的，而且是民众归心的最重要回报。同时，他也更体会到了军队的重要性，因为是自己的军队才使他赢得这么大的荣誉。

在民众近乎疯狂的欢迎仪式后，疲惫不堪的拿破仑回到家中。可令他失望的是，约瑟芬并不在家，此时她正在里昂。

在这16个月分别的日子里，约瑟芬背叛了拿破仑，与一位名叫夏尔的青年军官勾搭上了。当她得知拿破仑回来后，马上焦急地赶回家中，可拿破仑却赌气将她关在门外，直到她哭泣不止。在她的两个孩子奥坦丝和欧仁也双双乞求之下，拿破仑才让她进屋。

拿破仑暂时谅解了约瑟芬的不贞。与家人的关系得到缓和后，他立即开始筹划夺取政权的举措。

拿破仑的第一个目标，就是在督政府中取得一个席位。他开始物色自己的合作伙伴，10月18日至20日，他在家中会见了塔列兰、罗德雷、马雷、雷阿尔、弗歇尔等人。其中，塔列兰和弗歇尔在拿破仑的计划和活动中具有重要作用。

塔列兰是贵族和主教，在教会中拥有自己的势力，曾因在国民议会中提出没收教会财产的议案而出名。可贵的是，他与拿破仑在诸多问题上有着相同的政见。

弗歇尔在雅各宾派专政时期以残暴而闻名，曾同热月党人将罗伯斯庇尔送上了断头台。现在，他是督政府的警察总监，握有实权。弗歇尔老谋深算，又非常机敏，他从拿破仑身上看到了自己的政治前途，因而决定投靠拿破仑，从内部策划政变。

从拿破仑身上，这些人也看到了这位年轻人的威慑力，而且改变目前的政局对他们都有利，因而他们毫不犹豫地与拿破仑站在一起。有这些人的支持，拿破仑胜利的把握又大了几分。

此时在法国国内，无政府状态被不断克服，暴乱者已逐渐顺服。在国外，马塞纳在苏黎世打败了苏沃罗夫，布律纳迫使英国人撤出了荷兰。督政府以为渡过了难关，因而在对待拿破仑的态度上也可见端倪。他们不再像拿破仑刚回来时那样欢迎他了，而是对他擅自离开埃及回国表示愤慨，想找机会控告他抛弃军队，并违犯40天检疫隔离的规定。

但是，督政府却不敢贸然行动，因为此时拿破仑正是众望所归、万民敬仰的时候。于是，督政府便找借口接见他，甚至安抚他，想将拿破仑调出巴黎。他们建议拿破仑担任一支新军的司令，重新征服意大利。但拿破仑都以身体欠佳为借口，拒绝接受任务。

这些富有的雅各宾党人其实非常明白，拿破仑想要的是他们软弱无力的双手仍然掌握着的政权；而拿破仑也明白，伸手抓权的最好时机现在已经来临，他不会离开巴黎。

在拿破仑的小公馆里，密谋会谈一个接一个，而约瑟芬则几乎每场必到。她熟悉社会上的阴谋诡计，对暗地里的勾当更是了如指掌，因此自告奋勇地充当调停人和使者，通风报信，用尽女人的圆滑手腕和丰富的经验为丈夫的图谋卖力。

（二）

现在，拿破仑该考虑如何对付督政府中的5位督政官了。他认为，在5位督政官中，有3个人是无足轻重的，因为他们毫无主见，关键是如何对付西哀耶斯和巴拉斯。他本想与巴拉斯合作，挤掉西哀耶斯，自己取代他担任一名督政，但很快就发现这个办法行不通。

相对于巴拉斯而言，西哀耶斯在法国的名声要更好一些。巴拉斯位高权重，但他利用特权大肆贪污国家财产，与投机商们一起舞弊营私，人们不仅仇恨他，甚至鄙视他。而西哀耶斯是一位饱学之士，也是一位诡计多端的阴谋家。拿破仑也逐渐意识到，西哀耶斯才是他举事成败的关键人物，因此他决定与西哀耶斯联手。

10月31日，拿破仑没有出席奥地利、俄国军旗展览会，也没有出席巴拉斯为全国将军和外国使节举行的晚宴。当时，他正在弟弟吕西安家中会见西哀耶斯。在吕西安家中，他们制定了一个政变计划：在政变那天散布谣言，称有一个雅各宾阴谋正在进行中，然后让两院作出决议，将两院从巴黎市中心迁移到距离首都几千米的一个小镇圣克鲁，并任命拿破仑为巴黎武装部队司令作为"预防措施"。而西哀耶斯则在这一切进行时负责说服督政官迪克参加政变。对于其他的3位督政官，适当采取灵活处理方法，如说服、威胁利诱等手段，迫使其辞职。

1799年11月9日（法国共和历雾月18日）上午，所有忠于拿破仑的将领都汇聚在他的家中，由于房间太小，院子里和通道里都站满了人。

早上7点钟，元老院在杜伊勒里宫举行会议，一位议员宣布：雅各宾阴谋正在进行，共和国很快就会被这些兀鹰啄死；随后，议员雷尼埃引证宪法第102条，建议通过两项提案将立法会议移到圣克鲁开会，并任命拿破仑为首都以及近郊武装部队的总司令。由于许多没被吕西安拉拢过来的议员没接到开会通知，所以这两项提案以虚假多数获得通过。

早上8点半，元老院代表乘车来到拿破仑的府邸，将这一命令授予拿破仑。拿破仑立即向在座的将领宣读了对他的任命书，然后，在一批威武显赫的将领簇拥下乘马车来到元老院，发表了一篇简短的演讲：

"诸位共和国的公民代表们，现在共和国正处于危难之际，你们明智地颁布法令拯救了我们的国家，灾难将属于那些制造混乱和困难的人，我们要的是基于自由、平等、人民代表制各原则的国家。我以我的名义和我的同伴的名义发誓，我们一定可以获得这样的共和国。"

此时，在杜伊勒里宫的园林中，早已集结了一支数万人的庞大军队，由莫罗、麦克唐纳等将领率领。拿破仑检阅了这支军队，向他们发表了讲话：

"最近两年来，共和国的治理工作很糟糕。在我回国后，你们对我表示热烈的欢迎，并希望我可以结束国家的灾难。现在，我正在完成你们希望我完成的任务，而你们也将完成你们的任务，用你们的毅力、坚定和信心来协助你们的将军。法兰西共和国将重新获得自由、胜利与和平。共和国万岁！"

就在这时，坐立不安的巴拉斯派秘书来见拿破仑。谁知拿破仑见到这位督政官的代表，便高声怒斥：

"我曾在战场上冲锋陷阵，为国家带来了富足、和平和胜利，可我一离开，瞧瞧你们都干了什么蠢事？你们又制造了战争、贫困和失败，你们把法国搞成了什么样子？我不能再容忍你们的胡作非为了，现在该是那些有权获得信任的国家保卫者行动的时候了！"

中午，塔列兰来到卢森堡宫，带来了为巴拉斯准备的辞职信以及一张数百万法郎的银行支票。对于拿破仑发动的政变，巴拉斯知道自己根本无法与拿破仑抗衡，于是欣然接受了辞职信及巨额贿赂，然后被一排骑兵送走，去过平静的乡村生活了。

督政府的末日来到了，西哀耶斯和迪克以参与这场政变而结束了自己的督政官身份。拿破仑派塔列兰去说服另外两名督政官。眼见大势已去，两名督政官只好签署事先为他们准备好的辞职书，宣布辞职。至此，5名督政官都已不存在，法兰西督政府就这样没费一枪一弹地被解散了。

（三）

督政府解散后，接下来就是两院了。当时的两院中虽然有不少是拿破仑的支持者，但还不足以左右议会。尤其是五百人院，那里有不少雅各宾党人。考虑到这一点，拿破仑命令在巴黎和圣克鲁之间部署军队，而且军队很快行动起来，包围了两院会场。

当时，元老院会议正在召开。当两院代表发现会场被拿破仑包围后，非常愤怒，他们大骂拿破仑是"强盗""独裁者""阴谋家"。会上，拿破仑的支持者宣读了督政官的辞职书，但在会上占多数的雅各宾党人要求对强迫议会迁到圣克鲁来一事作出合理解释。后来，拿破仑的党羽议员们又提出将拿破仑增设为督政官的议案，同样遭到众议员的反对。

下午1时，拿破仑及其亲信正在旁边的大厅中等候两院通过有关成立新政府的决议。然而时间过去很久了，两院会议的状况不容乐观，拿破仑忍不住了。两院反对他的骂声高于支持他的声音，情况不妙，拿破仑当机立断，决定马上采取果断行动，否则功亏一篑。

下午4时，拿破仑闯入元老院大厅，在那里发表了一篇比前一天还要紊乱、还要不连贯的演说：

"各位共和国的代表公民们，你们所处的环境实在是不平常的。昨天，我还在巴黎安静地过日子，是你们委托我执行将两院迁到圣克鲁的命令。为着我的忠诚，我和我的伙伴们义不容辞地帮助了你们。可今天，你们却不断诽谤我，说我是凯撒，是克伦威尔，说我企图建立军政府。如果我的目标是设立军政府，我为什么还要支持国民代表制呢？……共和国没有政府了，你们现在是坐在火山口上！五百人院也四分五裂……我的权利是元老院授予的，现在请你们快下命令，我马上去执行。我不是阴谋家，难道我对国家的忠诚还没有得到证实吗？……"

拿破仑的讲话不断被愤怒的骂声打断，根本无法再讲下去。拿破仑只好离开元老院大厅，在几个掷弹兵的陪伴下前往五百人院大厅。在五百人大厅，拿破仑同样遭到了漫骂，甚至是厮打。

在经历了这混乱的一幕后，拿破仑冷静下来，很快便表现出果断的一面。他决定用武力解散五百人院，因为那里的议员们连讲话的机会都不给他。

于是，他带着弟弟——五百人院主席吕西安一起检阅了部队，并对军队发表了演讲。他说道：

"现在，督政府的5位督政官已经辞职，五百人院聚集了一帮阴谋家，他们企图结束我的生命，实际他们是威胁共和国。士兵们，国家的命运寄托在你们身上，你们会给国家带来希望吗？"

这时，吕西安在一旁拔剑高呼起来：

"要是我哥哥胆敢损害法国的各项自由，我发誓，这利剑必定会刺穿他的胸膛！"

吕西安的话发挥了作用，士兵们打消了迟疑和顾虑，纷纷高呼起来：

"誓死保卫将军!"

"捍卫自由!"

……

接着,拿破仑下达命令,掷弹兵冲入了会议厅。在荷枪实弹的士兵包围中,五百人院只能重新召开会议,并且做出了解散议会、成立执政府的决议。议案通过后,代表们被释放了。

晚上,元老院得知五百人院被解散的消息后,在圣克鲁宫召开紧急大会,并通过了建立执政府的命令,将共和国的权利移交给三位执政官:拿破仑、西哀耶斯和迪克。

拿破仑十分看重这次合法的权力移交,虽然在移交过程中拿破仑采取了武力威胁的方式,但他还是希望在法兰西的历史上留下合法的记录,而不是一段不光彩的回忆。

次日凌晨2时,三位新任执政宣誓效忠共和国。随后,部队渐渐散去,拿破仑乘马车返回巴黎。

一路上,拿破仑的神经才稍稍放松一点,但接下来的日子,拿破仑将面对督政府留下来的烂摊子。他一路上一言不发,始终在沉思着,没人知道他在想什么。

雾月21日晚,拿破仑迁入卢森堡宫,在这里开始了他的帝国之梦。然而,此时与他掌控最高权力的还有两名执政官,拿破仑无法容忍别人同自己一起坐在权力的最高宝座上,他要独揽大权。

每天早晨，拿破仑的首席御医都会来为皇帝检查身体，拿破仑往往会用笑话当开场白："你来了，江湖医生，今天准备杀多少人啊？""不多，陛下。"医生笑着回答。在接受检查时，拿破仑还会与医生讨论一些极其严肃的问题，比如生命一类的。他还会与医生开一些批评或贬低医术的玩笑，医生也会来反驳拿破仑的看法。在争论中，拿破仑显得很高兴和健谈，但当他没有实例为自己的观点辩护时，他就开始凭空杜撰。当然，医生是不会相信他那些子虚乌有的观点的。

第九章　当上第一执政

　　大多数人内心生来具有善与恶、勇与怯的种子，这是人的天性；后天如何成长，则取决于教养与环境。

——拿破仑

（一）

　　雾月政变，使年仅30岁的拿破仑成为法兰西的第一主宰。但拿破仑很清楚，夺取政权只是他统治法兰西的第一步，要巩固政权，繁荣法国才是更重要的。

　　为建立中央集权体制，拿破仑首先让西哀耶斯起草制定了一个新宪法。该宪法规定：第一执政有权任免政府各部部长、参政院成员及各省省长，有权任免驻外人员、军队将官及法官，有权签署对外条约。

　　该宪法实际是起到了集各种权力于第一执政一身的作用，同时也限制了第二、第三执政的权力，拿破仑终于即将大权独揽一身了。

　　1800年初，新的宪法还以公告的形式由全体公民投票表决，结果以压倒多数——300多万票赞成，仅1500票反对而通过。其时，此时的民众们盼望的只是如何能过上和平安定的生活，并没有过多关注政府的权力怎么分配。

　　在公民投票前不久，西哀耶斯和迪克辞去了临时执政之职。作为报酬，拿破仑让他们在元老院中获得了职位。接着，拿破仑又同意由康巴塞雷斯和勒布伦担任第二、第三执政。这两位新任执政都具有渊博的知识，但性情温和，无权力欲望。拿破仑起用他们，就是希望借他们的知识来帮助他执政理国，并且不与他分庭抗礼。

这样来安排执政府，拿破仑就可以牢固地稳坐第一把交椅。多年后，有学者这样评价他道：

"拿破仑的组织天才和军事天才，他的非凡意志和生命力，他的荣誉感和过人的力量，令他成了那个时代最令人震惊和最巨大的统治者。"

在制定新宪法后，拿破仑又提出编写新的法典。他的这一提议获得了广大民众的支持，因为当时的法兰西在法律上完全没有准绳，婚姻、家庭等一向都受制于宗教教会，故而民众也十分希望能有一部新的法律问世。

4年之后，法国的法典终于公之于世。在该法典的问世过程中，拿破仑作出了不可磨灭的历史功绩。《拿破仑法典》也成为后世资产阶级国家立法的蓝本，这也许是第一执政对法兰西最大的贡献，就连拿破仑本人都说：

"我一生中最引以为荣的事情不是我打赢了40多场战役，而是我那部永远不可否认的不朽的民事法典。"

拿破仑还非常重视教育，尊重知识和人才。在他的直接关怀之下，法国各地的小学增设到4000多所，中学增设到700多所，大学增设到15所。

在用人方面，他还能不计前嫌，不论是前政府的留滞人员，还是对他有过微词不尊的人员，只要有真才实学，他都在政府中给予重用。比如贝尔纳多特，曾主张严处擅离职守返回巴黎的拿破仑，并娶走了拿破仑的初恋女友黛丝蕾，但拿破仑不仅没为难他，还加封他为蓬特—科沃亲王。有人认为，拿破仑这样做是为了表示他对黛丝蕾的一往情深，但拿破仑在国事与私事之间，的确一向是以国事为重。

在担任第一执政后，拿破仑决定离开卢森堡宫，并于1800年2月底搬迁到法国历代国王的寝宫杜伊勒里宫。

（二）

在督政府末期，法国南部和中部所有道路上都强盗盛行。这些强盗在光天化日之下公然拦路抢劫，杀害公众，袭击村庄。他们打着波旁王朝的旗号，无恶不作。

拿破仑执政后，决定肃清这批匪帮。他颁布法令：不抓俘虏，一律就地正法；窝藏盗匪或购买赃物者，或与匪帮有联系者，一律处死。为此，他还派出大量军队，毫不留情地镇压直接犯罪者或者其帮凶，并镇压那些姑息纵容的法官。

与此同时，拥护波旁王朝的王党分子也蠢蠢欲动，在法国的诺曼底、旺代等地招募同党，鼓动一些农民加入叛乱队伍。王党还与英国人互相勾结，得到了英国人提供的精良武器，在茂密的森林中和险要的沼泽地开展游击战，反对拿破仑的新执政政府。

对于这些王党分子，拿破仑并不像打击强盗那样毫不留情，而是采取软策略，称只要他们愿意放下武器，不与政府为敌，他们就可以获得特赦。这一措施极大地分化了叛乱队伍。

1799年11月24日，拿破仑派出埃杜维尔将军与叛乱分子首领进行谈判，并缔结了第一次停战协议。

1800年1月10日，拿破仑又发表了平定叛乱的公告，号召军队严厉打击那些"没有祖国，没有信仰"的叛乱分子，对其同党及其姑息养奸者一律处决。在军队的镇压之下，叛乱也很快就平定了。

为了维护团结，拿破仑对各种党派的亡命者都采取了宽容态度，这样，部分保王党人、立宪派人士、雅各宾党人以及在几次政变中逃到国外的人士纷纷回国，幻想拿破仑能够恢复波旁王朝的统治。

拿破仑的宽容态度使一些王党分子对他产生了幻想，他们纷纷给拿破仑上书，希望能与拿破仑合作，恢复波旁王朝。对此，拿破仑不屑一顾。

王党分子还采取各种威逼利诱的手段收买拿破仑，拿破仑都不为所动。见此路行不通，王党分子便决定采取极端方式——刺杀拿破仑。

1800年12月24日下午4时，日头西斜，风和日丽。巴黎歌剧院安排演出海顿的清唱剧《创世纪》，拿破仑决定携全家人去欣赏这部杰出的歌剧。

晚7时左右，拿破仑与拉纳将军等人一起乘马车前往歌剧院。当他们来到圣尼凯斯大街中央时，为马车开道的骑兵忽然发现路上有一辆手推车挡着，车上还用绳索结结实实地绑着一只木桶。卫队长便命令将手推车推到右侧房檐下，让拿破仑的马车过去。

这时，拿破仑的马车夫在后面等得有点不耐烦了，便使劲扬鞭催马，马车快速向前奔去。当马车还未走过200米时，装满炸药和弹丸的桶"轰隆"一声便炸开了，当场炸死20余人，伤60多人。拿破仑的车子也差一点被炸翻，车玻璃被炸得粉碎。所幸拿破仑和随从人员平安无事。

爆炸案的发生让不少人担忧他们的第一执政王的生命安危，当然，也有人正在暗自偷笑，等待拿破仑身亡的消息。

而此时，拿破仑却非常镇静地走进歌剧院的包厢。歌剧院的观众见拿破仑安然无恙地走进来，立刻全体起立欢呼：

"第一执政万岁！"

当朱诺贴近他的耳边汇报说，爆炸案是要谋杀他的，拿破仑用一种颇显失望的语气说：

"仅仅为杀掉一个人，就让那么多人死于非命，真是残暴。"

拿破仑在包厢坐下后不久，清唱剧《创世红》就开演了。但是，他并没有看完这幕剧就离开了歌剧院，回到杜伊勒里宫。

回来后，拿破仑才将一直忍住未发的怒火发泄出来。他高声吼道：

"这是雅各宾派想暗杀我！他们是一群浑身污秽不堪的地痞恶棍，他们同历届政府公开对抗。如果不能迫使他们就范，就必须把他们粉碎！"

几天后，警务部便逮捕了设置爆炸装置的肇事者，他们是卡杜达尔的特务，保王党徒圣雷让和卡尔邦。事实证明，认为雅各宾派被流放者谋杀第一执政是天大的冤枉，但拿破仑并未因此而赦免他们。

拿破仑的铁腕统治很快就重建了法律的秩序，他的独裁政权也逐渐为人民所接受。

（三）

在国内建立了比较稳定的局面之后，拿破仑开始着手解决来自国外的第二次反法大同盟的威胁。此时，以英国为首的第二次反法同盟正在对法国形成包围之势。

拿破仑很清楚，法国此时需要和平的环境，需要有一个摆脱战争的喘息时机，但反法同盟显然不会给法国这样的机会。他们想用战争拖垮法兰西，他们对拿破仑求和的回答是波旁王朝的复辟。英国首相威廉·皮特在下院猛烈攻击拿破仑，表明与拿破仑势不两立。

反法同盟的幕后策划者是英国，但英国只出钱不出力，冲在反法同盟第一线充当打手的仍然是奥地利。在1799年时，法兰西督政府将防守曼图亚要塞的重任交给了拉图尔·弗尔萨将军，并授予他城防司令一职。不久，奥军卷土重来，围攻曼图亚城。7月份，拉图尔将军在低挡不住的情况下被迫向奥军投降，曼图亚要塞又被奥军夺回。

1800年4月，奥军统帅梅拉斯将在萨沃纳附近的法军截为两段，法国将领弗歇尔的部队被迫退向威尼斯，并被赶回瓦尔湖畔。另一支法军马塞纳的部队也被逼退到热那亚要塞之内，这支法军虽经马塞纳、苏尔蒙等将领的奋力作战，但还是低挡不住敌军的猛烈进攻，处境十分危险。

拿破仑执政后，对奥军的行为非常气愤和心痛，他花了巨大代价才攻下的要塞居然又被敌人占领了。因此他执政后的第一步，就是着眼于恢复对奥地利的攻势，重整东部边境的军队。

尽管形势对法军很不利，但拿破仑还是从不利中看到了有利的条件。他一眼就看穿了奥地利军队大部分屯集在背靠中立国日内瓦的地区，那里正是法军可以从背后打击的地方。因此，他将马塞纳作为自己整个战役棋盘上的一部分，吸引奥军围困，牵制奥军；而自己则率领一支新成立的"预备军团"经瑞士的大圣伯纳德山口过阿尔卑斯山，直取奥军的后方。与此同时，莱茵军团将通过瑞士东部各州，切断敌军与奥地利本土的最后交通线。

这是个非常大胆而冒险的战略计划。为了保密，拿破仑再次展示出他示假隐真的本领，将他的参谋部和12个新兵团召集到第戎，以蒙蔽英国、奥国的间谍，而真正要作战的部队则通过不同途径调赴日内瓦或洛桑。

5月7日，拿破仑带领他的"预备兵团"离开巴黎，悄悄赶到日内瓦。在那里，他决定从大圣伯纳德山口进入意大利。之所以选择这个山口，是因为该处道路大部分可通马车，只有约24千米的一段路是马车不能行走的。马尔蒙将军当时指挥炮兵，他发明了一个很巧妙的办法，就是把大炮从炮车上取下来，装入掏空的树干中，然后拖过山口。

到5月17日，贝尔蒂埃已经成功将1.5万名步兵和1000名骑兵运过山口。而拿破仑则于5月16日离开洛桑，在20日清晨越过大圣伯纳德山口。不过，他这次不是骑着彪悍的战马跨过去的，而是骑着一头骡子，由当地的一位向导牵着。

至此，法军没有遇到任何抵抗。拉纳将军率前卫部队从奥斯塔向夏狄戎迅速推进，一直行至夏多拉·巴蒂亚河谷。

（四）

这时，拿破仑的行动已被奥军总司令梅拉斯察觉。5月21日，梅拉斯得知一支强大的法军已通过了大圣伯纳德山口，他惊恐不安，随即留下1.8万人与坚守瓦尔河的弗歇尔对峙，自己则亲率其余兵力奔赴都灵。

到了都灵后，梅拉斯又获悉他的对手是拿破仑本人。但直到5月底，他才得知法军的蒙塞正在强行通过圣戈塔德山口，威胁着米兰。

这时，他才看清自己所处险境的全貌。

于是，梅拉斯将所有能调回的兵力全部匆忙调回，甚至还下了一道十万火急的命令给围攻热那亚的部队，要求他们撤回到亚历山大里亚。而此时，这支部队正与马塞纳进行交出热那亚的谈判。

当时，热那亚城的法军处境万分困难。城中粮食已消耗殆尽，法军大肆搜求马、狗、猫、鼠等用以充饥。在奥军的猛攻之下，马塞纳不得已与奥军谈判。6月4日，谈判结束，马塞纳率领8000名饿得半死的守军撤出奥军的阵地。

占领了热那亚后，奥军留下一支部队驻守要塞，其余部队向亚历山大里亚集合。在挺进的路途中，奥军接到了梅拉斯的命令，奉命改行皮亚琴察，以确保波河渡口。

1800年6月2日，拿破仑进入米兰。6月9日，他率军前来斯特拉代拉。在那里，他等候着从萨沃纳和切瓦两地弗歇尔和马塞纳的消息。因为这两人的实力若能合起来，那么他为奥军所设下的包围圈就基本完成了。但由于种种原因，这次会师未能按时进行。

拿破仑又分析了奥军的动向，断定奥军会向热那亚方向撤退，因此率军进入托尔托纳平原，想在这里阻截奥军。但由于部队占地面积过大，以致任何一个点上的兵力都很薄弱，而敌人反而有利地占有中心地位，这种情况拿破仑的心里感到很没底。

就在这时，拿破仑的老朋友德塞将军来了。他刚从埃及返回巴黎，随后便来到意大利前线。他的到来让拿破仑的精神为之一振。德塞为人高尚，作战英勇，他一到，拿破仑就与他热情地谈了3个小时。6月13日夜，德塞奉命率领5000人马开往热那亚，以便切断奥军的退路。

6月14日天刚破晓，在距离马伦哥不远的地方，战幕拉开了。奥军在开始几个小时内就显示出强大的威力，法军边战边退，虽然给予敌人巨大打击，但自己也损失严重。下午3时，梅拉斯迫不及待地向维也纳宫廷报告了奥军的进展，并称奥军已经大获全胜，拿破仑已被击溃。

然而一个小时后，情况发生了急剧变化，德赛将军率领前去热那亚的部队被拿破仑召回，结果给奥军以沉重的打击。到5点钟，奥军已经在法军骑兵的追击下溃不成军。遗憾的是，德塞将军在这场战役中牺牲了，这让拿破仑非常悲痛。

正当维也纳宫廷为梅拉斯第一次送来的令人兴奋的消息欢欣不已时，紧接着第二个消息也来到了维也纳，但这次却是奥军遭到惨败的坏消息……奥军再一次失去了意大利。

这次战役就是著名的马伦哥大捷，但这次大捷的代价也是很高昂的，法军伤亡5835人，且德塞将军的阵亡也给法军造成了不可弥补的损失。

不过，这次会战还是以拿破仑的大胆果断与别出心裁而震惊世界。许多人将拿破仑的此次行动与当年汉尼拔进军意大利相媲美。该会战仅仅用了一个月的时间便决定胜负，成为世界军事史上的杰作。

15日上午，被打败的梅拉斯派人持停战旗前往法军军中请求休战。傍晚，贝尔蒂埃与梅拉斯签订了亚历山大里亚停战协定。此时，拿破仑很乐意在极为荣耀的情况下结束这场战役，因为他需要赶回巴黎，法国的利益和他个人的利益都需要一个和平的局面。于是，他再一次光荣地凯旋了。

第十章　加冕称帝

　　我们应当努力奋斗，有所作为。这样，我们就可以说，我们没有虚度年华，并有可能在沙滩上留下我们的足迹。

——拿破仑

（一）

　　在欧洲各大国当中，拿破仑谨慎地选择着可能成为同盟的对象，他首先将橄榄枝伸向了沙皇俄国。

　　沙皇保罗一世对法国革命有着不可抑制的恐惧和憎恨，他害怕革命火焰蔓延到沙俄。因此，他与同样憎恨法国革命的英国、奥地利联合起来，组成了第二次反法同盟。在对法战争中，他还派出俄国可供调遣的全部兵力向法国开战，但俄军最终一败涂地。当大军回国时，部队人数只剩下了四分之一。

　　对于这个巨大损失，保罗一世将不满全部发在了他的同盟伙伴身上，他埋怨奥军和英军没有有力地配合俄军，导致俄军几乎全军覆没。与此同时，他对另一个同盟伙伴英国更加恼怒，对维也纳内阁也怨恨连连。

　　俄国对盟友的诸多不满被拿破仑一一看在眼里，他决定将沙皇俄国从反法同盟军中分离出来，变成法国的盟友，让强大的盟军分崩离析。

马伦哥战役结束后，拿破仑回到巴黎，随即便给保罗一世写了一封信，表示如果驻守马耳他的法军守军最后因某种原因撤离时，马耳他岛就交给沙俄，让沙俄以圣约翰骑士团大统帅的身份代为照管。

这个"礼物"简直送得太巧妙而及时了。当时驻守在马耳他的法国部队已到了内外交困的地步，周围全是英国舰队，一个法国士兵都逃不出去。在这种情况下，法军根本支撑不了多久。而沙皇一直想以这个小岛为据点，进而在东南方威胁土耳其。拿破仑对此非常清楚，因此，他及时地给沙皇送去了这剂绝妙的心药，让沙皇费尽心机也得不到的马耳他岛如今轻而易举就收入囊中。

此外，拿破仑还采取了另一个笼络沙皇的手段。在此之前与法国的战争中，俄军惨败，有1万名沙俄士兵成为法军俘虏。马伦哥大捷后，许多法国士兵也被反法同盟俘虏，为此拿破仑曾向英国和奥地利提议互换俘虏，但遭到两国拒绝。现在，拿破仑在给沙皇的信中称，法国愿意马上释放俘虏的俄国士兵，而这一宽宏的举动却不需要俄国付出任何代价。

拿破仑说到做到，不久，被俘的俄国军官和士兵们便重获自由，返回俄国。回国的俄军对他们在法国受到的待遇自然是交口称赞。

拿破仑的这些举动令本来就不怎么和睦的俄英关系更加僵化，保罗一世也被法国人的热情和拿破仑的不计前嫌所打动。于是，保罗一世与拿破仑开始频繁通信。昔日与法国疯狂对战的俄国，逐渐成为法国的朋友。

与之相对的，沙俄对英国愈加不满。1800年8月29日，保罗一世颁布了一项针对英国所有船泊的封港令，并联合瑞典、丹麦和普鲁士一起对付英国，将刚恢自用的英国人从波罗的海排挤出去。

法俄双方很快就携起手来，企图共同控制中欧和南欧的事务，一起抗衡英国在海上的霸主地位。拿破仑对此次联盟很满意，因为他必须先打败据海称雄的英国，才能实施他征服东方的计划。

就在法俄的强大联盟准备一起远征印度，对付英国，让英国王室处于慌乱和忐忑中时，一件意外发生了：1801年3月11日，拿破仑的盟友保罗一世在俄国宫廷政变中身亡了。

听到这个消息，拿破仑咆哮得几乎不成体统，他对俄国人所实施的手段、恩惠以及将得到的利益，现在统统都"竹篮打水一场空"了。

"可耻的英国人，在巴黎企图炸死我没得逞，现在又通过彼得堡的阴谋要暗算我！"

拿破仑歇斯底里地叫喊着，对英国的仇恨，使他将自己遭受的暗杀及保罗一世之死这笔账全部算在英国人头上。

新继位的俄国沙皇亚历山大并没有继续保罗一世时期的政策与法国交好，转而再次与英国亲密起来。至此，法俄联盟宣告破产。

（二）

虽然与俄国联盟时间很短，但这次联盟还是给拿破仑带来了一些帮助，那就是奥地利对法俄联盟多少带有一些恐惧。

马伦哥战役结束后，1800年10月，奥地利派代表柯本茨来到法国，与以拿破仑和塔列兰为代表的法国进行谈判。谈判进行得很艰难，但由于奥地利在战场上的失败，不得不接受拿破仑提出的苛刻条件。1801年2月9日，法奥双方签订了和约。

在发展与其他国家的新关系上，拿破仑进行得异常顺手。在法国的强大压力下，1801年3月，那不勒斯国王与之订立了佛罗伦萨和约，两国讲和。那不勒斯以前受反法同盟蛊惑，曾支持奥地利。

1801年3月21日，法国同西班牙缔结了阿兰胡埃斯条约。此后，西班牙对法国俯首帖耳，唯拿破仑马首是瞻。

1801年6月6日，法国又与葡萄牙签订条约，大大地抑制了依靠英国支持的葡萄牙海军力量。

拿破仑在战场上和谈判桌上所取得的胜利，令反法同盟分崩离析，现在就只剩下孤零零的英国了。英国既然已经失去众多作战伙伴，唯一的出路就是接受法国的和谈。

1801年10月1日，英法两国代表在伦敦签订了预备和约的条款。此后不久，英国国内局势发生变化，一向仇视法国革命和拿破仑的首相威廉·皮特辞职，接任首相阿丁顿对待法国的态度与威廉正好相反。因此阿丁顿刚一上任，便派代表参加了在法国东北部的亚眠召开的与法和平会议。

1802年3月27日，法方代表约瑟夫与英国代表康华里签订了《亚眠条约》。该条约对英国也颇为苛刻，但此刻渴求和平的英国政府也接受了。因为当时的美国、葡萄牙、奥地利都先后与法国媾和，比利时和荷兰也已在法国控制之下，本来与英国关系良好的俄国也向拿破仑保证不同英国交往，这让英国人别无选择，尽管英国取得过伟大的军事胜利。

《亚眠条约》的签订给法国带来了暂时的安宁和和平，也给巴黎带来了繁荣。1802年的巴黎，呈现出十几年来未有的盛世太平之景，到处都是一片繁花似锦、歌舞升平的景象。每到检阅日，巴黎人民全都涌向演艺场，兴致勃勃地参加各种活动，人人脸上都挂着幸福的微笑，这也让作为其缔造者的拿破仑·波拿巴无时无刻不感到荣耀和自豪。

这时，拿破仑的野心再次膨胀起来。他坦诚说：

"人们将会从我身上发现野心，很多的野心，而且是最伟大、最崇高的野心，是史无前例的野心！"

第一执政的称呼已经不能满足拿破仑了，拥有至高权力的终身执政成了他新的追逐目标。

自从拿破仑执政以来，法国对恢复和平与繁荣的第一执政拿破仑充满感激，元老院决定给予他一个象征全国性的纪念。按照法国的惯例，通常是树立一个纪念碑或一座雕像，但拿破仑对这些根本没兴趣，全国都立满了颂扬他的凯旋门。最后，元老院大多数议员提议将拿破仑的执政期限延长一届（即10年）的建议。

但拿破仑还是不满足，他对参议院提出了终身执政的要求。不过，参议院否决了他的提议。

对于参议院的拒绝，拿破仑并没有表示不满，而是说：

"如果法国人民同意参议院作出的10年任期的决定，而反对我担任终身执政一职，我就遵从参议院的决定。"

显然，拿破仑是希望借助人民的手获得更高的权利。

1802年5月10日，法国议会顺应了拿破仑的愿望，就"是否任命第一执政为终身执政"的问题提交公民表决。

两个月后，统计结果出来了，350多万法兰西公民赞成拿破仑荣任终身执政官，反对者仅为8000多人。

1802年8月1日，元老院决议宣布拿破仑·波拿巴为法兰西终身执政，并下令竖立一尊和平神塑像。塑像中的拿破仑一只手执着胜利者的桂冠，另一只手则拿着元老院的议案。拿破仑终于将终身执政的荣耀紧紧攥在手中。两天后，他颁发了《共和十年宪法》。

（三）

自从拿破仑担任终身执政以来，他一直在思考一个问题——如何成为法兰西的皇帝。为此，他几次召见弗歇尔，并不时地暗示自己想要做皇帝。善于钻营的弗歇尔马上为拿破仑的帝王梦摇旗呐喊。他向元老院呼吁建立世袭政权，并认为建立世袭政权后，即便拿破仑被刺杀，也不能毁灭世袭政权。

在弗歇尔的鼓吹之下，要求建立世袭的呼吁书和请愿书从法国各地如雪片一般飞来。元老院也提出了拿破仑登记成为法国皇帝的议案，并对拿破仑的野心进行了粉饰，称这是人民的呼声。

　　1804年4月30日，议员居雷向保民院提出议案，提议将执政制共和国转变为帝国，拿破仑晋升至皇帝称号，拥有世袭权利。保民院通过了这项提案。

　　法国人民也以压倒优势的多数拥护拿破仑成为自己的皇帝。5月18日，参议院正式批准"法兰西共和国全权委托给一个皇帝，他的称号是法兰西人的皇帝"，拿破仑终于圆了他的皇帝梦。参议院全体议员都纷纷向拿破仑传达这个喜悦的消息，并祝贺拿破仑。

　　面对这个结局，拿破仑自然欣喜万分，但他还是谦虚地保证：

　　"我的全部幸福，就是能够增进国家的福利。你们认为这个称号是对国家的光荣有益，那我只能接受。关于世袭继承法，我听从人民的意见。法国将这么大的荣耀给予我以及我的家庭，如果我的子孙再不值得这个伟大的国家爱戴和信任的话，我的心灵也不会再护佑他们。"

　　次日，拿破仑举行了登基后的第一次盛大的上朝仪式，法国所有的军政要员都必须参加。拿破仑授予他麾下的18名军官为帝国元帅头衔，其中现役14名，另有4名是年事已高的退役老将。

　　当然，拿破仑也没有忘记对自己的家人进行封赏：妻子约瑟芬被封为皇后，母亲莱蒂齐亚、妹妹艾丽莎和卡罗丽娜封为殿下，哥哥约瑟夫封为大选帝侯，弟弟路易为要塞司令等等。

　　1804年12月2日，新皇帝加冕典礼如期举行。人们纷纷从欧洲的四面八方赶来，出席观看这盛况空前、无与伦比的非凡表演，人人都争相一饱眼福。然而就在拿破仑加冕的重大日子来临前夕，约瑟芬还闹出了一个小插曲。

　　原来，约瑟芬一直没有与拿破仑在教堂里正式举行宗教结婚仪式，她曾多次恳求拿破仑满足她这个小小心愿，但拿破仑一再拒绝。以前约瑟芬也不在乎是否能在教堂得到祝福，但现在不同了，拿破仑成了皇帝，约瑟芬担心自己的皇后地位会随时不保。如果能在教皇的主持下补行宗教婚礼，那么她的地位就有了保障。

约瑟芬找到教皇庇护七世，赢得了教皇精神上的支持。他们逼拿破仑同意补行宗教婚仪，称如果没有宗教婚姻，就举行不了加冕礼。拿破仑对教皇的坚持无可奈何，虽然他为此大发雷霆。

12月1日早上，约瑟芬如愿以偿，红衣主教费什为皇帝和皇后补行了宗教婚礼。婚礼之上，两个主角表情各异，一个满面怒容，一个激动万分。婚礼后，约瑟芬让费什给她发了结婚证书，她紧紧地抓在手里，精心保存着。约瑟芬想以此手段加强她在拿破仑身边的地位。

12月2日这天，法兰西皇帝加冕日正式到来。这天早晨，巴黎的天气寒冷而潮湿，灰暗的天空似乎预示着巴黎即将到来的暴风雪。

上午11时，穿戴整齐的拿破仑和约瑟芬来到巴黎圣母院接受加冕。隆重的加冕仪式持续了4个小时，在这段时间里，不知是因为仪式太枯燥，还是因为连日太激动而休息不好，拿破仑连连打哈欠。

最后，弥撒结束，皇帝、皇后走到祭坛前，跪在祭坛上，教皇过来为他们履行礼仪。正当教皇准备将皇冠戴到拿破仑的头上时，拿破仑却伸手接过至高无上、象征权力的皇冠，自己将它戴在头上。然后，他又拿起一顶小皇冠戴在约瑟芬的头上。之所以如此，是因为拿破仑觉得：他的皇冠不是上帝赐予的，是他用自己的剑拼搏出来的。所以，他要自己亲自戴上皇冠，就像古代的凯撒大帝那样。

接着，教皇为拿破仑戴上了皇帝的戒指，拥抱皇帝，然后教皇转身面向群众高呼：

"皇帝陛下万岁！皇后万岁！"

紧接着，拿破仑宣誓即位：

"我发誓保卫法兰西共和国国土的完整，以维护法国人民的利益、快乐和光荣为治国之本。"

当拿破仑宣誓完毕后，传令官大声宣告法兰西皇帝正式登基。随即，沿塞纳河两岸直至巴士底狱，万炮齐鸣……

拿破仑不吸烟，但却常常会打开烟壶，放在鼻子下来回晃动，闻一闻烟味。有一次，他心血来潮尝试抽几口，可他却不知道抽烟斗的正确方法，嘴巴一张一合的，根本不吸气。当侍从告诉他应该怎样抽后，他试着抽了，结果把自己呛得难受了一个多小时。后来，他就再也不抽这东西了。

第十一章 "三皇会战"

心态决定成败。无论情况好坏，都要抱着积极的心态，莫让沮丧取代热心。生命的价值可以很高，也可以一无是处，随你怎样选择。

——拿破仑

（一）

成为法兰西皇帝的拿破仑已不再满足于在意大利的总统头衔，于是，内阿尔卑斯共和国的新议员们再次越过阿尔卑斯山，聚集在巴黎召开议会，很快便将意大利国王的新称号授予拿破仑。

几天后，拿破仑离开巴黎，前往米兰加冕。1805年5月26日，在米兰的蒙萨宫，古老的伦巴第诸王的铁王冠被取出。新的加冕仪式在米兰的大教堂举行，拿破仑再次从米兰大主教的手中接过王冠，戴在自己的头上，高声说道：

"由上帝赐予我的王冠，请不要随便触犯。"

14天后，他委任23岁的继子欧仁为副王，代为主持意大利的政务。

7月12日，拿破仑匆匆离开米兰，赶回巴黎，路上甚至累坏了好几匹战马。之所以如此焦急，是因为此时奥地利已秘密同俄国和英国结盟，第三次反法同盟正式成立了。

在返回巴黎的路上，拿破仑的头脑中已经酝酿出两个作战计划：第一个是横渡英吉利海峡，直捣英国首府伦敦，这是海上作战计划；第二个是在陆地出战，如果出征英国失败，如何部署才能避免陆上敌人的突然袭击。在战斗中，拿破仑总是会计算出可能出现的最坏情况，然后想好应对的办法。

7月26日，拿破仑向法国舰队司令维尔纳夫发出命令：

"在卡迪兹和菲洛尔集中西班牙军舰后，回到布雷斯特港，从那里开往布伦。只要你能够控制海峡3天，凭借上帝的帮助，我将断绝英国的生存。15万人已整装待发，仅凭你的行动，我们就能成为英格兰的主人。"

可是，这位法军舰队的司令在阿布吉尔湾的战役中未开一枪一炮就丢弃布吕埃斯中将逃跑了。后来证明，这位舰队总司令是个最无能的指挥官。可以说，他是法国海军历史上的一个耻辱。

8月1日，拿破仑来到布伦，再次向维尔纳夫发出命令，要求他集中兵力进入英吉利海峡。可第二天，拿破仑就得知了几个令他大发雷霆的消息：一，维尔纳夫的舰队根本没有抵达不勒斯特，还停留在马提尼克岛；二，维尔纳夫在仅有9艘战舰的英国海军交战中，率领庞大的舰队逃之夭夭。

在拿破仑的一再催促之下，维尔纳夫也没有出现在布伦港口，拿破仑只能眼睁睁地看着入侵英国的战机一个个错过。

10月21日，法国和西班牙的联合舰队在直布罗陀海峡的特拉法加海角同纳尔逊海军上将率领的英国舰队展开了19世纪世界最大的一次海战。在这次战役中，法西联合舰队全军覆没，英军海军司令纳西尔中弹身亡。而在大战中毫发无损的维尔纳夫也被英军俘虏，关进了英国监狱。经过这一次海战之后，法西联合海军一蹶不振，已经无法再对英国海军构成任何威胁了。

当得知法国海军惨败的消息时，拿破仑已经离开巴黎赶赴奥地利了。接到这一消息后，拿破仑并没有意外，他早就对维尔纳夫和法军舰队失去了希望。这一海战的失败，也让拿破仑"断绝英国生存"的梦想彻底无法实现了。

（二）

此时，欧洲大陆的情况愈加紧急，拿破仑再也等不到机会进攻英吉利海峡了。他在盛怒之下，向英国海岸最后望了一番，然后立即挥戈东进，迎战奥地利军队。

为了确保军事上的胜利，拿破仑首先在外交上采取了一系列的措施。1805年8月24日，拿破仑派宫廷大总管杜洛克将军前往柏林，同普鲁士国王签订了一项密约。在密约中，拿破仑以割让汉诺威给普鲁士的条件，取得了普鲁士君王对战争的中立态度。

接着，拿破仑又写信给巴伐利亚、巴登和符登堡的选侯，要求他们与法国结盟。这些小诸侯国慑于法国的强大，不得不接受拿破仑的要求。这样，拿破仑就获得了利用他们的领土作为战场的权利，并为自己的军队获得了4万人的增援。

外交基础打好后，拿破仑立即命令布伦的军队从英吉利海峡岸边出发，穿越整个法国，开往巴伐利亚。不到3周，这支庞大的军队就魔术般地从英吉利海峡开到了多瑙河。此时，法军已横跨于奥军交通线的两侧，战斗还未开始，法军已经赢得了战前的主动权。

奥地利方面军没料到法军如此神速地包围了右翼，其统帅麦克陷入绝望之中。按照他的部署，奥军仍向西面对伊勒河，期望法军会从这个方向出现；而其右翼，金麦尔军正守卫着乌尔姆和多瑙沃尔特之间的多瑙河。

9月26日，拿破仑与皇后约瑟芬抵达斯特思拉堡。在这里，他得悉奥军的阵地情况。10月2日，战斗正式打响，法军渡过多瑙河包抄了敌军的侧翼。在法军缪拉部的打击下，10月8日，金麦尔被迫南撤。缪拉在到达韦尔廷顿时，与增援的奥军劳伯格师相遇。此时，缪拉迎头发起猛攻，打退了这支部队，并俘敌3800人。贝尔纳多特指挥的第一军接着追击金麦尔。

10月12日，法军进入慕尼黑，并将金麦尔从瓦塞堡赶过莱茵河，使其遭受了惨重损失。

现在，麦克所率领的5万奥军被压缩到乌尔姆附近，拿破仑正向他逼近。法军马尔蒙部已南进奥格斯堡，接着又西进控制了乌尔姆南部的伊勒河山脊；达武的第三军是预备队；苏尔特的第四军已抵达兰茨贝格的莱茵河谷，并将切断乌尔姆与南部的交通线；拉纳的第五军与内伊的第六军沿多瑙河西岸向西挺入乌尔姆，从而完成了对乌尔姆的合围。

10月14日，内伊与拉纳元帅夺占了乌尔姆周围高地，麦克大军陷入绝境。16日，拿破仑炮轰乌尔姆，同时又派去一位军使，要求麦克投降，并威胁说：如果他攻下乌尔姆，任何人都不会得到宽恕。其实拿破仑此时也急于结束战斗，因为他的给养都已用光了。

20日上午，麦克率乌尔姆的全部守军放下手中的武器，宣布投降。

在乌尔姆战役中，法军共缴获了60门大炮、40面军旗，以最小的损失攻克了多瑙河边的军事重镇，并获得了大量的食物和弹药。此战中，法军仅有500人阵亡，1000人受伤。拿破仑自己总结说，这次战役的胜利是靠士兵的双腿，而不是靠他的刺刀赢得的。他还说：

"军队的力量与力学中的动力相似，是质量与速度的乘积。行军就是战争！快速的行军，能够提高军队的士气，足以增加取胜的机会。"

（三）

在乌尔姆之战结束后，拿破仑乘胜进军，于1805年11月14日进入维也纳。此时，奥皇及其朝臣都逃到了摩拉维亚的首都布尔诺。

就在拿破仑频频向普鲁士伸出橄榄枝时，沙俄也在极力拉拢普鲁士，怂恿普鲁士加入第三次反法同盟。但沙皇的软硬兼施对普鲁士国王威廉三世毫无效果，毕竟汉诺威对普鲁士的吸引力更大。

然而，从汉诺威向乌尔姆挺进的法军第一军为争取早日到达预定战场，竟不经普鲁士允许，强行通过普鲁士领地安斯巴赫。这让威廉三世非常愤怒，于是转而向沙俄靠拢。

但慑于拿破仑的威力，威廉三世并未马上答应出兵对抗法军，只表示以武力作为后盾进行调停。一旦调停无效，普鲁士再攻打法国。同时，普鲁士还向拿破仑发出最后通牒，限法军在一个月内撤出普鲁士国境，否则普鲁士便对法宣战。

拿破仑收到普鲁士的通牒后，马上意识到问题的严重性。一旦普军向法军宣战，法军将面对俄、普、奥三路大军的夹击。因此，拿破仑必须在普鲁士参战前占领维也纳。

因此，拿破仑在11月14日进入维也纳后，将法军大本营设在宏伟壮观的肖恩布鲁因宫。由于奥皇的逃跑，拿破仑在维也纳又重新调整部署，并在奥地利军火库找到了大量的弹药。经过长途跋涉的法军，在这里获得了充足的补给。随后，法军从维也纳出发，北渡多瑙河，追击俄军。

11月19日，在法军的攻击下，俄军后卫撤出布尔诺，缪拉率部随即进占。次日，拿破仑来到布尔诺，而奥皇则撤到了奥尔莫茨。在布尔诺以东约21千米处，有一个名叫奥斯特里茨的小山村，缪拉的前卫在该村的一个高地上被奥军骑兵挡住了去路。

此时的奥皇已被法军撵到最边远的国境线上。无奈之下，他派两位全权使臣谒见拿破仑，表示谈判议和。拿破仑却将这两位使节送到维也纳，让他们去和外交大臣塔列兰谈。这是拿破仑故意拖延时间的一个手段，他要在奥地利议和之前先把俄军击败。

为了侦探俄军的实力，拿破仑派他的侍卫长萨瓦里打着休战旗来到奥尔莫茨，向沙皇亚历山大递交了一封伪善的国书。通过萨瓦里的此次出行，拿破仑清晰地掌握了俄奥联军的意图。

接着，拿破仑便开始为决战进行最后的准备了。贝尔纳多特的第一军和达武的第三军也分别被拿破仑召回。到11月30日，法军已在布尔诺集结了6.5万人；而与之对抗的俄奥联军则达8.2万人。此时，沙皇亚历山大一世也率领一支从俄国本土开来的俄军赶到奥尔莫茨，准备与奥皇弗朗西斯二世一起带领联军与法军对抗。

此时，拿破仑率领的法军正向奥尔莫茨进发。法兰西皇帝拿破仑没想到，一场世界军事史上的名战——"三皇会战"即将打响了。

（四）

1805年12月1日，拿破仑将全军沿着一条名叫戈尔德巴赫的沼泽小河右岸向东展开。该阵地距离布尔诺以东约9.7千米，处于布尔诺与奥斯特里茨村中间。随后，拿破仑向全军发布公告：

"将士们，你们面前的俄军正准备替在乌尔姆战败的奥军复仇。这是一支被我们打得落花流水的部队，现在却跑到这里来了。我们已经占领了坚强的阵地，敌军妄想攻击我军右翼，但这样一米，他们势必将其侧翼暴露在我们的眼前。我们必将以胜利结束这场战斗，这样，我们就能住进冬季营房，并将得到国内新建军团的增援。到那时，我们致力赢得的和平就将无愧于人民，无愧于你们和我本人了！"

12月1日夜里，拿破仑沿着前线巡视野营部队。他发现敌军的营火集中在普拉岑高地的后面和利塔瓦河谷。这进一步证实了他的预测：敌人试图迂回攻击法军右翼。而当他从士兵行列中穿过时，士兵们用铺草做成的火炬点燃为他照路，"皇帝万岁！"的欢呼声响彻河谷。对法军的这些举动，俄奥联军竟然认为是法军为掩护退却而采取的一种欺骗行为。

12月2日凌晨，奥俄联军开始离开高地，向看似力量薄弱的法军右翼移动，并分为6个纵队开始进攻，北面两个纵队由巴格拉吉昂和李赫特尔斯登指挥，他们横越奥斯特里茨大道攻击由拉纳和贝尔纳多特防守的北段，君士坦丁堡大公指挥的俄军近卫军则作为预备队跟在两支俄军后面。中央方面，由科洛华特指挥奥军2.5万人攻击在克贝尼茨的苏尔特军。联军主力在普拉岑高地以南，承担这一任务的3个纵队共约3.3万人，由俄军将领布霍夫登指挥，负责进攻戈尔德巴赫河畔的苏尔特军，并攻占索科尔尼兹和狄尔尼兹。

在开始发起进攻时，俄奥联军因数量的优势，作战取得了一定进展。但在普拉岑高地的库图佐夫此时本应留在高地控制全局，他却率军去进攻法军的中段防线去了。这就给拿破仑制造了一个绝佳的进攻机会。

上午7点半左右，拿破仑发现普拉岑高地已无人据守，他马上命令苏尔特率领两个师去夺取这个制高点，结果法军完全成功，几乎未遇到抵抗。这样，拿破仑轻而易举地占据了这个极重要的高地，使俄奥联军的两翼由此被割断。

随后，拿破仑下令：整个左翼部队向联军发起全线进攻，巴格拉吉昂和李赫特尔斯登在激战中溃败；科洛华特的纵队也遭到法军侧击，溃不成军；联军的中央纵队也被逐退；布霍夫登的3个纵队则受到苏尔特和达武的双面夹击，进退不得。

至此，俄奥联军彻底失败，1.5万人当了俘虏，伤亡人数达1.2万余人，另有133门火炮被法军缴获。

12月3日清晨，奥地利皇帝弗朗西斯二世向拿破仑请求休战，拿破仑要求俄军马上撤至波兰才答应议和。

12月5日，俄军开始撤退。次日，法奥签订停战协议。12月27日，法奥双方正式签订《普莱斯堡和约》，第三次反法同盟宣告失败。

奥斯特里茨之战是拿破仑一生中取得最为辉煌的一次军事胜利，这次战役的胜利之日，也恰巧是拿破仑加冕为法兰西皇帝一周年的纪念日。由于这次战役中有3个皇帝直接指挥参战，因而也被人们称为"三皇会战"。自然，拿破仑在军事、政治两方面的才能都远远凌驾于奥俄二皇之上。而且这次胜利还使他赢得了"欧洲第一名将"的巨大声誉，拿破仑帝国也从此开始进入全盛时期。

在办公时，拿破仑会没完没了地口授圣旨，而秘书便低着头没完没了地记录，弄得焦头烂额，筋疲力尽。拿破仑非凡的精力简直令人难以置信，有一次，他想在枫丹白露筹建一所学校，曾一口气口授了共计517项条款的详细计划。

第十二章 颁布"大陆封锁令"

　　无论做什么事，内心绝不承认有失败的可能性。只要想着自己的长处，而不是短处，想着自己的能力而不是问题。

——拿破仑

（一）

　　1806年1月26日，拿破仑离开维也纳回到巴黎，受到无数狂欢民众的欢迎。为了庆祝自己在奥斯特里茨战役中取得的辉煌胜利，拿破仑下令建造"凯旋柱"。

　　经过近5年的修筑，这个凯旋柱终于于1810年建成。该柱是用拿破仑从战场上缴获的敌方大炮炮身熔铸而成，高约44米，直径达3米。柱身上精细地雕刻了螺旋形状的花纹，角上装饰着4只展翅飞翔的雄鹰，柱子的顶端雕有拿破仑叱咤风云的图像。

　　此时，又有一个好消息传来：拿破仑的死敌、英国首相威廉·皮特去世了，英国要求与法国签订和约。

　　威廉·皮特是第三次反法同盟的创立者和鼓吹者，他一直希望联盟能够阻止法国向英国进攻。然而，奥斯特里茨一战使这个联盟土崩瓦解，议员们纷纷指责皮特，并要求他下野。皮特经受不住这种精神上的打击，不久便病死了。随后，格兰维尔继任英国首相，任命同情法国大革命的福克斯为外交大臣。福克斯一向反对皮特的外交政策，他希望英国能与法国和平共处，因此主动派亚尔默思勋爵前往法国和谈。

拿破仑向亚尔默思勋爵表示：如果英国能同意他提出的条件，他愿意将汉诺威重新归还英国。

消息传到普鲁士，在普鲁士全境引起轩然大波。当时，普鲁士是用两个侯国与法国交换了汉诺威，而现在拿破仑不顾与普鲁士的约定，公然将汉诺威作为筹码与英国谈判，普鲁士自然十分愤慨。在柏林，反法情绪高涨。

7月，当英法谈判还在争论不休时，英国外交大臣福克斯突然去世。随后，英法谈判宣告结束。而此时，法国与俄国已签订了法俄和约的初约，因沙皇一直在观望英国对法国的态度，迟迟不肯批准这项和约。现在，英法和平已经无望，沙皇也拒绝批准法俄条约了。

普鲁士一直都与沙俄暗中来往，现在见沙俄与法国和谈失败，马上积极与沙俄交往起来。7月24日，普鲁士与俄国就同法国作战问题达成秘密协议，规定：一旦普鲁士与法国交战，俄国将积极给予武力支援。

而英国由于中止了与法国的和谈，也开始向普俄联盟靠拢，甚至怂恿普鲁士对法宣战，自己为普鲁士提供英镑支持。至此，以俄、普为中心，由英国提供经费的第四次反法同盟雏形渐显。

8月9日，在民族情绪高涨的情况下，普鲁士国王宣布对法战争总动员。8月25日，普王威廉三世召集了一个军事会议，决定成立两个军团，分别由布伦瑞克公爵和霍恩洛尔亲王指挥，还有一个独立军由吕歇尔将军指挥，兵力达13万人。9月底，普军分三路，集结在一条宽113千米的正面上。

对于普鲁士的备战，拿破仑早已获悉。8月份，拿破仑已命20万大军开赴德意志南部。9月25日，拿破仑离开巴黎，亲赴战场。

10月8日，法军右路的苏尔特军前卫与普军左路陶恩齐恩的萨克森师在霍夫遭遇。萨克森师抵挡不住，被迫退向北面32千米的施莱茨，在那里又遇到了贝尔纳多特的前卫。在法军的前后夹击下，萨克森师损失惨重。

此时，费迪南德亲王指挥的普军已南进到萨尔费尔德。在这里，普军与法军左路纵队遭遇，结果这支由10个步兵营和10个骑兵营组成的部队被法军一举歼灭，年轻的亲王也被击毙。

（二）

初战即败的消息传来，沉重地打击了普军高涨的士气，同时也让布伦瑞克惊慌不已。他意识到自己犯了一个严重的错误：大军向维尔茨堡推进，正好将自己的左翼和后方暴露在法军的优势兵力之下。于是，他立即退至马格德堡和易北河谷，以保证普军与柏林的交通线不被切断。同时，他命令右翼的吕歇尔军退至魏玛。

但是，这位总司令又犯了一个大错，那就是没有命令霍恩洛尔不惜代价守住萨勒河上的渡口！因为他的失误，法军可以毫无障碍地在整个萨勒河以东地区长驱直入。

10月11日，法军右路纵队到达普劳恩，中路纵队进抵奥马以北，拉纳的第五军也进入萨尔费尔德，同时拿破仑也到达奥马。拿破仑的意图是以第四、第五、第六和第七军进逼耶拿，渡萨勒河，在16日进攻普军主力。与此同时，缪拉的骑兵、贝尔纳多特的第一军和达武的第三军应夺取萨勒河在多恩堡和柯森的渡口，切断敌军向莱比锡或易北河谷的退路。

13日下午3时，拿破仑在距离耶拿不到23千米的地方收到拉纳的一个报告，称他已占领了该镇，并将一支1.2万人的敌军逐往魏玛方向；另有一支3万人的敌军驻扎在耶拿以西4.8千米靠近魏玛的大路上。拿破仑马上率兵赶往耶拿，与拉纳军会合。

10月13日夜间至14日凌晨，大雾弥漫，这对法军来说真是幸运之至。在大雾的掩护下，法军的内伊、苏尔特和奥热罗的部队整晚都在从耶拿奋力往高原上调动兵力。拿破仑本人在午夜时亲临现场进行监督。

14日清晨，在奥尔施泰特东北6.4千米的哈森豪森村附近，普军前卫遭到法军纵队达武军的一支先头部队，遂展开激战。受到法军活力的猛攻，奥军几无还手之力。战斗随即全面展开。

此时，拿破仑也已集中了7.5万人在耶拿对付霍恩洛尔的4.7万人，并亲自指挥督战。普军作战虽然顽强，但动作迟缓，法军步兵在机动性和主动性方面均远胜普军。法军炮兵的运用也比普军更为有效，与步兵的协同也较普军密切。

下午3时左右，普军已溃不成军。法军取得了奥尔施泰特和耶拿两次大捷，沉重地打击了普军，使普鲁士陆军作为一个战斗实体受到致命重创。

在这两次大捷中，法军缴获的战利品十分可观：俘获普军2.5万人，野炮200门，军旗60面。此后，普军几乎再没有什么抵抗了，而拿破仑终于在开战3个星期之后，耀武扬威地进入了柏林。途中，他在波茨坦逗留了3天，从逍遥宫拿走了弗雷德里克大帝的宝剑和军功章，并将它作为战利品送给了巴黎残疾军人院。

进驻柏林后，拿破仑命令部队继续追击普军，法军胜利、普军投降的消息也不断传来。法军的穷追猛打令普鲁士人闻风丧胆，法军所到之处，更是如一阵龙卷风一样，没有任何东西能够抵抗它的威力。一个月前，普鲁士境内到处都是"让科西嘉的小矮子尝尝厉害"的声音；而现在，这种呼声早就听不到了，许多普鲁士城堡一听法军骑兵的铁蹄声，就纷纷放下武器投降了。

11月10日，普鲁士最后一个要塞马格德堡投降，普法战役全面结束，几乎所有的普鲁士城市都被控制在法军之下。在短短一个月的时间，自诩为欧洲最强大的普鲁士军队被拿破仑彻底打败了。

1806年11月中旬，普法谈判正式开始。作为胜利者，拿破仑提出了休战的苛刻条件。普王虽然心有不甘，但普军根本无力对抗法军，因此也只好全部答应拿破仑的条件。

（三）

胜利的荣誉无限地扩张了拿破仑的自我意志力，他要对大洋彼岸

94

的英国示威了。1806年11月22日，拿破仑在柏林颁布了著名的"大陆封锁令"，强迫整个大陆屈从于自己的意志，同英国在经济上展开一场殊死战。

在这一禁令中，拿破仑禁止欧洲大陆各国同英国有任何通商往来，宣布英国各岛被封锁，法国势力所到之处均不得与英国有任何来往。

"大陆封锁令"使英国第一次面临整个欧洲的挑战，可英国并不会就此束手就擒，而是要反击拿破仑。英国再次找到奥地利与沙俄，提出愿意给予金钱支持，以打击拿破仑。但由于奥斯特里茨的失败，奥地利至今都心有余悸；而沙俄则接受了英国的请求。

当普鲁士获悉沙俄要与法军开战时，精神为之一振。他们决定协助沙俄对抗法军，以雪国耻。

当时，俄国也急于与拿破仑一决高下，以洗刷奥斯特里茨失败的耻辱。为此，俄国派出两支大军，总计9.1万人，分别由本尼格森和布克斯霍夫顿率领，向法军逼近。

1806年11月，法军进驻波兰，并利用波兰人的独立情绪建立了一支波兰军队，号召他们拿起武器，与法军共同作战。11月底，拿破仑闻悉俄军抵达华沙，立即命令缪拉和达武前往迎敌。

12月19日，拿破仑来到华沙，在这里建立了法军大本营。26日，法军与俄军遭遇，开始了第一次激战，地点是在普尔塔斯克。激战的结果是俄军战败撤离。拿破仑命令法军继续追击俄军，但由于天气恶劣，未能成行。

1807年元月，拿破仑率军从华沙北进追击俄军。2月7日，缪拉指挥的骑兵军和苏尔特的第四军在一个小镇上追上了俄军，双方又爆发了一场激烈的战斗，结果损失都很惨重。后因法军增援部队到达，俄军正面和侧面受到夹击，终于坚持不下去了，向哥斯尼堡撤退而去。

这一战役结束后，拿破仑利用休战时机重新整编了疲惫不堪的军队，并巩固了他在所占领的德意志北部的地位。

6月14日，双方又在弗里德兰展开了一场大战，结果双方都伤亡很大。但拿破仑的近卫军和维克托军的主力，除其炮兵外，都未参战，而俄军的80门大炮却落入法军手中。

连连战败的消息不断传入沙皇亚历山大一世耳中，他简直不相信自己的耳朵。很快，他又听到了在弗里德兰一战中，俄军三分之一的兵力都被法军消灭的消息，这更加让他惊慌不已。

法军已经打到俄国的大门口了，俄军总司令本尼格森请求马上休战，傲慢的亚历山大一世不得不答应了。

当亚历山大一世向拿破仑提出休战时，拿破仑立即接受了。因为此时他也无力再深入俄国腹地，他的交通线已经伸得很远了，给养也难以跟上。现在，除了涅曼河以北的梅梅尔地区之外，他已占领了整个普鲁士领土。同时，他也急于同沙皇亚历山大达成协议，以先发制人，对付奥地利可能采取的敌对行动。

6月25日，拿破仑同亚历山大在涅曼河中游一只设有帐篷的木筏上举行会晤。经过14天的谈判，双方于7月7日签订了《提尔西特和约》。两天后，拿破仑又与普鲁士签订了和约，和约对普鲁士极其苛刻。根据和约，普鲁士仅保留了4个省，其余领土均被割去，普国领土支离破碎。条约签订后，普鲁士失去了强国地位，沦为德意志的一个小国。

而对沙俄，拿破仑却极其宽容，不仅没有要求割让领土，拿破仑还将部分波兰领土让给俄国，同时给予俄国在瑞典和土耳其行动的权利。

《提尔西特和约》的签订，标志着第四次反法联盟的彻底失败。

7月27日，拿破仑返回巴黎，法国人民欢快地称呼凯旋归来的拿破仑为"大帝"。根据《提尔西特条约》，拿破仑重建了中欧和东欧。在普俄之间，他还建立了一个华沙大公国作为缓冲国，由萨克森的傀儡国王弗里德里希·奥古斯塔统治。

至此，法兰西控制的领域从比利牛斯山延伸到易北河，疆土直线距离达14484千米，向南则扩张至整个意大利版图，向东则抵达尔马提亚海岸。

第十三章　称霸欧亚大陆

　　　永远也不要消极地认为做什么事是不可能的，只要你认为
你能，尝试，尝试，再尝试，最终你都发现你能。

——拿破仑

（一）

　　自从法军舰队在特拉法加海战中全军覆没后，拿破仑制服英国的唯一手段就是依靠大陆封锁，在经济上窒息英国。这样当英国陷入绝境时，自然就会向法国求和了。

　　但是，由于葡萄牙和西班牙的抗命，拿破仑的计划未能顺利实施。葡萄牙是英国最早的同盟国，英国人控制了葡萄牙的工商业，两国贸易十分火热。如果葡萄牙断绝与英国的联系，葡国经济必将衰退。

　　西班牙虽然是法国的同盟国，但自从法国海军一蹶不振后，西班牙的亲英派力量逐渐壮大，表面遵行拿破仑的赦令，私下却与英国之间进行走私贸易。

　　葡萄牙和西班牙位于伊比利亚半岛，拥有漫长的海岸线。拿破仑要想完全将英国孤立，就必须征服伊比利亚半岛。对于征服半岛一事，法国国内一片反对之声。连年的征战，法国人民和法国士兵都需要享受战争带来的富贵繁华。而宫廷大臣也认为，法国的势力已经达到巅

峰状态，不可能再取得更大的胜利了。

然而，拿破仑已经被胜利冲昏了头脑，始终想征服伊比利亚半岛。他决定以葡萄牙为跳板，然后再征服西班牙。

事实上，全盘征服这两个国家的确是很荒谬的，这一决定也正是拿破仑垮台的开始。因为将战场扩展到西班牙和葡萄牙的做法犯了两线作战的兵家大忌。而且，俄国虽然与法国签订和约成为盟友，普鲁士也被打得振作不起来，但奥地利的种种迹象已表明，他们正在暗中准备再次反击。

拿破仑也注意到了奥地利的危险，因此命令贝尔蒂埃将德意志军团重新进行部署，整编了18万兵力，以对付奥军的进攻。他相信自己的强大实力足以震慑奥国。但拿破仑的这种过分自信使他犯下了一生事业中的第一个重大政治战略错误。

1807年10月22日，拿破仑正式向葡萄牙宣战，命令朱诺越过西班牙边境，于11月占领葡萄牙。

11月30日，朱诺的部队到达葡萄牙首都里斯本，葡萄牙王室早已望风而逃，乘坐英国军舰逃亡巴西。葡萄牙的障碍就这样轻而易举地被扫除了。

接下来，拿破仑决定利用西班牙王室之间的矛盾，将他们一网打尽。

西班牙占据伊比利亚半岛的大部分，西临大西洋，东濒地中海，南至直布罗陀海峡，地理位置十分重要，历史上曾是海上霸主国家，但此时已衰弱不堪，国王查理四世更是个昏庸无能的国王。

1808年2月，法国将军狄艾梅斯率领一个军占领了西班牙的卡塔卢尼亚。同时，拿破仑下令，要求缪拉元帅以皇帝副帅的身份指挥西班牙境内的全部法军。3月24日，缪拉率领蒙塞、杜邦两军进入马德里。至此，在西班牙的法军已达11万之多。

在3月18日时，马德里以南40千米的阿兰胡埃斯爆发了民众暴动，查理四世被迫将王位让给他的长子费迪南七世。拿破仑下令缪拉镇压西班牙民众的起义。

5月4日，拿破仑来到波尔多，14日又到巴约纳，并将西班牙新老国王及王室成员召集在一起，强迫费迪南七世将王位还给他的父亲。接着他又宣布新老国王一律作废，将西班牙的王位交给他的哥哥约瑟夫，缪拉接替约瑟夫为那不勒斯国王。至此，西班牙已处于无政府状态。

拿破仑非常得意，几乎未发一弹便占领了西班牙。可是不久，拿破仑就不再为占领西班牙而自鸣得意了，因为西班牙燃起了反法的熊熊烈火，拿破仑也尝到了引火烧身的痛苦。

（二）

1808年5月2日，马德里爆发了民众起义，被缪拉镇压。但反法起义迅速在全国蔓延，到处都燃烧着民族战争的烽火。由于中央政府已经垮台，各省政务会便成为起义的领导。好几个省的政务会都通过决议，请求英国援助。

风起云涌的西班牙起义声势浩大，分布在各地的西班牙军队也纷纷拿起武器，地区性的领袖不断涌现。拿破仑对这些起义都不以为然，难道西班牙的流寇还能撼动法兰西的雄伟霸业吗？拿破仑轻蔑地称他们为"流氓"。可正是这些衣衫褴褛的"流氓"，最先用手中的砍刀挖掘了拿破仑亲手构筑的帝国的坟墓。

5月的一个星期之内，西班牙3个地方的法国军事长官被刺杀，许多省份开始公开叛乱。7月的一个星期内，几乎整个西班牙王国都开始了反对法国占领的起义。西班牙的抗争遭到了法军的严厉打击，但只要哪里出现了法军身影，西班牙人都会想尽一切办法向法军疯狂报复。

西班牙起义军在付出巨大代价后，迅速进逼马德里，将坐在国王宝座上没多久的西班牙新国王约瑟夫赶出首都。随后，反法暴动的声势更加浩大，拿破仑有些骑虎难下了。

为了对付西班牙的反抗，拿破仑先后调集了30万大军去西班牙镇压。而此时，英国也开始行动了，他们在里斯本登陆，将法军赶出了葡萄牙，使这里成为反对拿破仑的基地。英军与西班牙义勇军联合起来，使法军遭受沉重打击，军心涣散，士气低落。

拿破仑决定亲率大军去扫平整个伊比利亚半岛。9月4日，拿破仑命令陆军大臣克拉克提前征召两批各为8万人的新兵，这是自1799年以来数量最大的一次征兵活动。拿破仑将新兵补充到德意志和意大利方面军的军营，而将老兵抽调出来，支援西班牙方面军。

10月26日，拿破仑率领法国部队进入巴荣纳。11月8日，在维多利亚，拿破仑制定了新的对西班牙的作战计划。几个小时之内，整个战争机器再次运转起来。

这时，西班牙人的部队状况给拿破仑的反攻提供了良机。西班牙各种正规和非正规的部队已达11.5万人，但装备恶劣，纪律松散，缺乏集中的指挥和参谋机构，各地方指挥官互相嫉妒，难以合作。

在这种形势之下，拿破仑命令维克托、苏尔特和勒菲弗尔三个军团向西作宽广的扫荡，将西班牙人全部赶出去。三个军团不负所望，一路如秋风扫落叶一般横扫过去，西班牙军纷纷溃败。12月4日，法军攻下马德里。

随即，拿破仑又率军掉头，向西北进军，将英国人赶出了大海。

1809年1月3日，拿破仑将指挥权移交给苏尔特，自己火速赶回巴黎，因为有报告称：奥地利再次向法国发起进攻。苏尔特与内伊会合后，追击撤退的英军，但英军主力已安全登船撤离西班牙。

拿破仑以为已经完全征服了西班牙，但西班牙的战争远未结束，反法烈火在1809年春依然熊熊燃烧。英勇无畏的西班牙人拖住了拿破仑30万的精锐部队，从此拿破仑不得不承受因自己的野心而带来的沉重负担。

（三）

1805年奥地利在奥斯特里茨战败后，一心不忘复仇。奥国任命查理大公为陆军部长，整编了4万常备军，24万预备军，后来又编成34万新军，军事力量逐渐恢复。

现在，奥地利发现自己的机会来了。西班牙的起义成为拿破仑甩不掉的包袱，驻扎在中部德意志的法国大军团频频西调，法军陷入西班牙的泥沼中无法自拔。

1808年9月27日，拿破仑与俄国沙皇亚历山大一世会晤，提出让亚历山大一世在奥国开始军事行动前积极反对奥国，但亚历山大却不想履行这一义务。

1809年2月8日，奥地利国王弗朗西斯决定对法开战。4月9日，担任奥军总司令的查理大公率领4个军共14万人，越过莱茵河，进入巴伐利亚，照会巴伐利亚总司令，向莱茵河同盟国开战。

拿破仑从未经历过如此危险的军事情况：他的30万精锐部队被牵制在西班牙战场上，因此他不得不提前在法国征召新兵，同时又从德意志各国强迫征兵10万来补充军队，这也让军队质量因此而下降。而奥地利却集结了全部力量，同心同德，要将拿破仑打垮。

不过，拿破仑仍然对战斗充满信心，他在出征前说：

"两个月以后，我要让奥地利放下武器。那时如果需要的话，我将重新完成在西班牙的旅行。"

法奥的第一次大战是在巴伐利亚的阿本斯贝格进行的，奥军被击退，损失1.3万人。第二次战役是在4月22日在艾克缪尔发生的，奥军再次被击败，被迫北退至累根斯堡。

次日，拉纳元帅在完成迂回之后，开始强攻累根斯堡，拿破仑亲临现场指挥。这场战斗进行得异常激烈，拿破仑的脚部也被敌人的炮弹打伤了，但他却在伤口被包扎后再次跃身上马，飞驰着去检阅部队。

累根斯堡终于被攻下了！拿破仑忍着剧痛，带着微笑向那些欢呼的士兵还礼。与此同时，法军在泰根、兰茨胡特也相继取得胜利。5天当中，拿破仑赢得了5次血战的胜利。

夺取累根斯堡之后，法军主力经多瑙河右岸直驱维也纳。将士们对维也纳城展开激烈猛击，奥军仓皇逃窜。5月13日，拿破仑进驻被炮兵摧毁的奥地利首都维也纳，并在市中心西南4.8千米的肖恩布鲁恩宫建立大本营。这也是拿破仑在4年之内第二次占领奥地利首都。

此时，奥皇已逃往波希米亚，查理大公的军队也在多瑙河北岸隐藏起来，并炸毁了河上的所有桥梁，准备与拿破仑展开旷日持久的周旋。而拿破仑想一劳永逸地粉碎奥军，便不顾危险，贸然架桥渡河作战。

5月20日，浮桥架设完毕，法军立即开始渡河与奥军作战，并占领了附近的两个村庄。21日至22日，法军再次与奥军发生激战，结果损失惨重。这次战役，也是拿破仑遭受过的第一次真正的失败。此外，这次战役还使他失去了英勇善战的元帅拉纳将军。

不过，拿破仑仍未退缩。他继续集结部队，一个多月后又完成了进攻部署。

7月4日晚，风雨交加，电闪雷鸣，拿破仑在一夜之间指挥15万大军渡过了欧洲这条最大的河流。过河后，法军击退奥军前卫，并向左实施大规模的迂回运动战。

面对从天而降的法军，奥军惊讶得瞠目结舌。几个回合之后，奥军便退却了。拿破仑在渡过多瑙河后，重新集结了法军的步兵、骑兵、炮兵，下令进攻奥军。

然而7月6日拂晓，在向奥军左翼发起冲击时，遭遇奥军顽强的抵抗，法军败下阵来。拿破仑保持了冷静的态度，亲自视察了战场。上午10时，拿破仑下令：法军主力进攻瓦格拉姆的奥军。

随即，几百门大炮将炮口对准了奥军中央阵地，法军各军团在炮火的掩护之下也奋勇前进。奥军虽然完全抵抗，但最终不得不放弃阵地撤离。

与此同时，麦克唐纳所率的步兵及随后跟进的马尔蒙和弗雷德的部队，也相继突破了奥军中部。右翼的达武在马尔格拉夫以南渡过了鲁斯巴赫河，席卷了整个奥军左翼之后，也向瓦尔格拉姆合围。

下午4时，自知无望的查理大公不得不命令部队脱离战斗，撤往摩拉维亚山区。

7月10日，马塞纳追上奥军后卫，两军再次展开战斗，马塞纳取胜。11日，奥皇派列支敦士登亲王向拿破仑提出休战请求，拿破仑欣然同意。拿破仑也想尽快结束战斗，因为此时从西班牙传来的消息不容乐观。

双方经过了3个月的艰苦谈判，于10月4日在肖恩布鲁恩宫再次签订和平条约。

在瓦格拉姆战役中，法军感到了奥地利民族抵抗力量的加强以及自己战斗力的减弱。以前的战役中，拿破仑从未在哪次战斗中损失过像此次战斗中那么多的火炮和军旗，从未伤亡过那么多的高级军官和士兵。

不过对于拿破仑来说，瓦格拉姆之战虽不像弗里德兰之战和奥斯特里茨之战那样可称之为压倒性的胜利，但结果证明它同样是决定性的。

（四）

瓦格拉姆之战后，法兰西帝国版图更加庞大，北起波罗的海，南至地中海，东抵涅曼河，西迄比利牛斯半岛。拿破仑成为法兰西帝国的皇帝、意大利国王、莱茵同盟保护人、瑞士仲裁人，并成为荷兰、那不勒斯、华沙大公国等国的“宗主之君”、实际的决策者和统治者。他的家族成员也都成为这些国家和地区的直接统治者。欧洲大陆的主要国家奥地利、普鲁士对拿破仑俯首帖耳，沙皇俄国也委曲求全。拿破仑帝国的强大达到了巅峰状态。

权势的强大，也让拿破仑想到他还没有一个合法的继承人。他不希望自己的政治遗产法兰西帝国像亚历山大和查理大帝的帝国一样在其死后分裂。皇后约瑟芬一直没给他生孩子，致使拿破仑一直无后嗣可以继承王位，他的兄弟们也都不适宜做他的继承人。于是，他决定与约瑟芬离婚，另娶一位女人作为妻子，以便能为他生一个儿子。

虽然约瑟芬一万个不愿意，但也没办法。1809年11月，拿破仑与约瑟芬离婚了。离婚之后，拿破仑尽可能地保障约瑟芬奢侈的生活，每年给她300万法郎的生活费。

拿破仑开始物色新皇后。他首先向沙皇亚历山大的妹妹求婚，但亚历山大却迟迟不肯表态。这让拿破仑感到很不安，他又想到了奥地利皇帝弗朗西斯的女儿玛丽·路易斯。

奥国公主玛丽·路易斯从小在宫廷长大，接受贵族教育，被灌输贵族的价值观以及作为一个公主应有的高贵气质和教养。路易斯公主从小就学习多国语言，包括法语、意大利语、西班牙语、英语等，这样，她就具有了更大的结婚价值。而且，玛丽·路易斯性格温柔。

当拿破仑将求婚信件寄给奥皇弗朗西斯时，弗朗西斯立即就答应了这门亲事。1810年3月11日，在维也纳一座教堂里，贝尔蒂埃代表拿破仑完成了与奥国公主订婚的仪式。

3月22日，奥国公主玛丽·路易斯抵达法国斯特拉斯堡，与拿破仑见面并举行了婚礼。

婚后，拿破仑对这位娇妻非常宠爱，简直是体贴入微，竭力使她快乐。开始对拿破仑还很反感的路易斯，很快就被拿破仑俘虏了芳心，并感到幸福和幸运。

1811年3月20日，玛丽·路易斯为拿破仑产下一个男婴，拿破仑为此高兴万分，他的帝国终于后继有人了。随后，一项元老院的法令让这位刚刚出生的婴儿获得了罗马王的称号。拿破仑还亲自选定了宫廷中最受人尊敬的孟德斯鸠夫人作为儿子的女教师。

娶妻生子的幸福，让拿破仑度过了几年颇为平静的天伦之乐的生活。但这种生活没过多久，一场与俄国的大规模战争又即将爆发了。

第十四章　莫斯科大火

从伟大崇高到荒谬可笑，其间只相差一步。

——拿破仑

（一）

自从1807年法俄两国签订《提尔西特条约》之后，两国之间度过了几年安宁的时日。但是，两国都很清楚，法俄之间由来已久的矛盾并未消失，冲突最终不可避免。尤其是拿破仑，在英国这个敌人日渐强大起来后，他知道只有把俄国首先踩在自己的脚下，他征服欧洲的计划才能实现。因此从1810年起，拿破仑就阅读了大量关于俄国的历史文献和军事资料。他要先熟悉这个国家，然后有备而战，战而胜之。

两国矛盾的再次激发，首先起源于如何对待土耳其的问题上。拿破仑曾答应将摩尔维亚和瓦拉几亚给俄国，但不久他就反悔了。

1811年，俄国对土耳其开战，节节获胜。战败的土耳其只得向俄国投降，割让了摩尔达维亚和瓦拉几亚。可就在这时，拿破仑派密使前往奥地利，煽动奥皇对塞尔维亚出兵，并表示法国不会给俄国任何援助。土耳其获悉后，对俄态度马上转变，取消了割地求和的计划。

沙皇对土耳其的态度非常愤怒，但对拿破仑的出尔反尔更加痛恨；同样，拿破仑也不能容忍沙俄占领土耳其的野心。

在军事方面，沙皇对法国迟迟不从普鲁士撤兵也感到不满，因此一再要求拿破仑撤出普鲁士境内的法国军队，拿破仑对此充耳不闻。

1810年10月31日，沙皇颁布敕令，再次向英国开放俄国港口。这种敕令无疑是向拿破仑的公然挑战，拿破仑苦心经营的封锁体系无法再发挥其巨大威力。当初拿破仑选择俄国作为盟友，最主要的原因就是沙俄能有效地对英国实行大陆封锁；现在，沙俄解除这种封锁，显然是在向拿破仑示威。

拿破仑随即致函亚历山大一世，要求沙皇不要让英国船只进入俄国港口，但沙皇将拿破仑的信件扔在一旁，公然接受大批英国船只入港。这些英国货船从俄国流入奥地利、德意志、波兰和欧洲大陆，致使拿破仑的大陆封锁形如虚设。

1811年1月，俄国又实行了新税率，大大提高了法国输往俄国商品的进口税。

拿破仑对沙皇的这些行为大为恼怒，他决定给沙俄一点颜色看看。

对俄战争爆发之前，拿破仑决定先着手处理一下与欧洲各国的外交事务，尽量拉拢这些欧洲附庸国站到与法国同一阵线上来。

由于迎娶了奥地利公主，拿破仑不担心奥地利的态度。虽然法国与奥地利并没有签订条约确定盟友关系，但因为联姻，二者已成为必然的盟友。拿破仑担心的是普鲁士。

在拿破仑对普鲁士进行种种外交威胁后，普鲁士国王表示愿意支援法国。1812年2月，拿破仑与普鲁士签订了同盟条约，规定：普鲁士将派出2万军队协助法国攻打俄国，同时还为法军提供大量的食物补给。

为了让沙俄见识一下法国的雄厚实力，同时也为了争取欧洲各附庸国的支持，拿破仑将同盟者和附庸国统统召集到德累斯顿，世界最后一次见识了拿破仑统治下帝国的威严景象。

1812年春末，欧洲各附庸国基本都顺从了拿破仑的意愿，准备对俄作战。同时，奥皇也与拿破仑签订了正式的同盟条约，允诺出兵3万参加对俄作战，掩护法军的侧翼。

　　与此同时，俄国也在积极寻找盟友。但此时不被拿破仑控制的国家已经很少了，尽管如此，沙俄还是找到了瑞典与土耳其。这两个国家的位置对俄国来说都很重要，都是俄国的近邻。

　　其实，拿破仑当时也有意与这两个国家结盟。当时，瑞典掌握实权的是王储贝尔纳多特，也就是拿破仑的初恋女友黛丝蕾的丈夫。但贝尔纳多特向拿破仑提出，如果拿破仑能够帮助斯德哥尔摩获得挪威，他就同意帮助法国攻打俄国。拿破仑拒绝了这一交换条件，因为挪威是法国盟国丹麦的属国，他不愿让瑞典吞并挪威。

　　就在这时，俄国向瑞典表示愿意帮助瑞典吞并挪威。于是在1812年4月5日，俄国和瑞典签订了同盟条约。

　　法国也想拉拢土耳其，但俄国在1812年初打败土耳其后，主动与土耳其议和；再加上英国其中作梗，结果土耳其最终选择与俄国结盟。

（二）

　　虽然在争取瑞典和土耳其的外交中拿破仑败于亚历山大之手，但他并不灰心。现在，拿破仑已经集结了50万大军，比以前各次战役中的兵力都要多许多倍，他相信这50万大军一定能够打败那个曾被他痛击过几次的沙皇俄国。

　　当有人以远离法国以及恶劣的天气为由劝说拿破仑放弃这次军事冒险时，拿破仑不以为然地说：

　　"再过3年，我要成为全世界的主人。"

　　1812年5月9日早晨，拿破仑与皇后路易斯离开巴黎，直赴前线。此时，拿破仑的大军已分几路经过德意志各国向波兰前进，并逐渐向维斯瓦河和涅曼河集中。

　　5月16日，拿破仑在德累斯顿设立了大本营。其后两周，他开始调兵遣将，将大军团部署在维斯瓦河一线。至此，拿破仑已集结了欧洲历史上最强大的兵力，总计达51万人，其中有20万法军、14.7万德意志军队、8万意大利军和6万波兰军。

对于与俄国的这场战役，拿破仑心中已有计划。考虑到到俄国本土作战遥远以及俄国的气候等不利因素，他决定速战速决。

1812年6月22日，法国大军到达涅曼河边。此时，俄国已有3支部队在涅曼河前线了：第一支是15万人的第一方面军，由巴克莱统帅，准备对法主力部队作战；第二支是由巴格拉季昂统帅的第二方面军，共5万人；第三支是由普拉托夫统帅的8000名萨克骑兵。

6月23日，天刚放亮，拿破仑就策马来到涅曼河边侦查，选择渡河地点。直到傍晚才侦查完毕，拿破仑准备返回营地。就在经过一片麦田时，一只野兔突然从他的马蹄间窜出，战马受惊，四蹄腾空，将拿破仑摔下马来。幸好土地松软，拿破仑只是臀部稍微受伤。

拿破仑向部将们抱怨这场惊险，颇为迷信的贝尔蒂埃元帅建议说：

"我们最好不要渡过涅曼河，刚才摔的一跤可不是个好兆头。"

拿破仑默不作声，但随即便表现出一副不以为然的样子。不过看得出，他是在极力驱除大家脸上的不安神情。

6月24日，法军在涅曼河上架设了浮桥，拿破仑率先锋部队渡河去了。同时他下达命令，要求全军快速前进，这一命令令主力部队脱离了军需供应部队。

6月28日，拿破仑到达俄国要塞立陶宛和维尔纳，但这两个要塞已被俄军付之一炬，成为空无一物的城堡。俄军拒绝与法军交战，他们是想利用俄国广袤的疆土与法军展开游击战，削弱法军薄弱的后勤与后方的联络。

俄军的战术很快就有了效果，拿破仑在维尔纳就接到了一个坏消息：由于劳顿、缺乏粮草及夜里的严寒，1万匹军马已经死在行军的路上。同样由于严寒和疲劳，许多年轻的士兵也倒在了行军途中。拿破仑开始意识到这次远征的艰巨性。

7月16日夜，拿破仑率大军离开维尔纳，数万大军连同火炮、粮草一起行进，这情景简直令人瞠目结舌。26日，法军前卫终于追上了巴克莱的后卫部队，双方在奥斯特罗夫诺附近展开激战，法军付出相当大的代价才将这支敌军击溃。

第二天，法军在威特斯克追上俄军主力部队，俄军迅速散开大量骑兵，如潮水般向法军前卫部队冲杀过来。法军仓促应战，纷纷败退。在这种情况下，法军赶紧改变战术，将密集的队伍分散开，隐蔽在灌木丛中向俄军射击。俄军招架不住，被迫撤退。

这一天的战斗非常激烈，拿破仑激动不已。他认为，法军渴望已久的大会战即将在明天打响，而胜利也必然属于兵力强大的法军。

（三）

7月28日拂晓，拿破仑突然接到报告：对面的俄军已经消失得无影无踪。

原来，俄军已经在前天晚上悄悄撤离威特斯克。拿破仑倍感失望，命令士兵全力搜寻敌人的踪迹，但法军连一个俄军影子也没找到。

此时，俄军已撤退到斯摩棱斯克。8月15日，拿破仑率领法军赶到这里，终于与俄军接火。8月16日，法军向俄军发起猛烈攻击，但遭到城内俄军的顽强抵抗。双方都损失惨重。

8月18日，拿破仑正指挥法军对通向斯摩棱斯克城的一座桥梁进行轰炸时，突然听见一阵阵惊天动地的爆炸声，整个城市成了一片火海。法军侦察兵跑来向拿破仑汇报说，俄军已经炸毁了整座城市，然后全部撤离，留下的只是一座空城。

敌人在眼皮底下就这么溜走了，拿破仑大为恼火，他马上命令缪拉、内伊和达武等军紧追俄军。然而俄军撤军迅速，沿途将他们经过的地方全部烧毁，不给法军留下一点他们需求的资源。法军的状态越来越差，士兵们每天都要奔波十几个小时，而且经常挨饿受冻，因为法军距离后方的供应基地越来越远，沿途俄军又将城镇统统付之一炬，马匹也在途中不断倒毙，剩下的马匹也都虚弱不堪。

109

　　面对这些，拿破仑如同一个赌输了钱的赌徒一样，总想着能与俄军决一死战。可俄军总是撤退，根本没有决战的打算。然而拿破仑不仅不让部队停下来休息，反而还加快了行军速度，不断追赶着俄军。

　　不久后，拿破仑终于盼来了一次与俄军较量的机会。

　　俄军不断撤退，法军不断追赶，眼看法军就要兵临莫斯科了，沙皇开始坐卧不安。他决定起用库图佐夫，让他担任最高指挥官。此时的库图佐夫已67岁高龄，但目光敏锐，雄心未减。他上任后，决定在斯摩棱斯克与莫斯科之间的博罗季诺与法军打一仗。他将俄军十几万大军的阵地设立在博罗季诺村背后的一列山丘连成的弧线上，并在那里修筑了防御工事，扼守着通往莫斯科的要道。

　　9月5日，法军大部队来到博罗季诺村。拿破仑侦察地形后，发现了俄军统帅的作战错误：库图佐夫将阵线向北拉得太长了。随即，他就制定出一套克敌制胜的作战计划。

　　9月7日上午，法军开始猛攻，战斗进行得异常激烈。法军先后发起7次冲击，都被俄军击退。在法军发起第八次冲击时，俄军统帅巴格拉季昂被炮火击中，被抬下战场。失去统帅指挥的俄军很快就抵不住法军的进攻，纷纷退却。法军付出了巨大的代价终于占领了博罗季诺。

　　经过10个多小时的激战，双方都损伤惨重，法军伤亡约2.8万人，俄军则达4万多人。博罗季诺战场上尸山血海，士兵和马匹的尸体堆积如山。这次战役也成为人类战争史上最为惨烈的一场恶战。拿破仑后来写道：

　　"在我一生的作战中，最令我心惊胆战的，莫过于莫斯科城下之战。"

　　拿破仑为法军的巨大损失唏嘘不已，但他也很兴奋，因为莫斯科就在眼前，克里姆林宫即将成为他的掌中之物了。

（四）

　　博罗季诺战役失利后，库图佐夫率领溃退的俄军来到莫斯科，并在莫斯科郊区召开军事会议。会上，库图佐夫宣布放弃莫斯科。

沙皇也很快就得知俄军不得不放弃莫斯科的消息了，这让他非常震惊和愤怒。莫斯科城人心惶惶，民众惊慌失措，纷纷逃命。莫斯科大撤退就此拉开帷幕，成千上万辆马车塞满大路，车辆颠簸着缓慢行进。

库图佐夫派人告知拿破仑，要求在军队和民众撤出之前双方暂停交火。拿破仑答应了他的请求，同时命令先头部队缪拉率军跟踪敌人，迫使俄军尽可能远离莫斯科。同时，他还下令莫斯科总督由迪罗斯内尔将军担任，带领足够的兵力随他进城，建立新秩序，占领公共建筑，并特别嘱咐要保护好克里姆林宫。

9月15日早晨6时，拿破仑到达护城河边，在那里下马等候俄国代表团前来欢迎他进入莫斯科城，但等了两个小时也没人来。拿破仑派人去打探消息，不久缪拉送来了报告：莫斯科城没有名流、贵族，也没有代表团，甚至连一个居民都没有了，它已成为一座空城。

没有俄国人的欢迎，拿破仑只好怅然地自己进驻了莫斯科。中午时分，拿破仑带着他的大军缓缓进城。莫斯科的街道异常安静，没有以前拿破仑攻占柏林、维也纳后所受到的热烈欢迎。除了法军，城里没有任何有生命的东西，连个人影也见不到。

拿破仑走在大军前面，径直向俄国沙皇亚历山大的宫殿——克里姆林宫前进。宫殿静悄悄的，拿破仑突然为这种安静和沉默感到窒息。他隐隐感到有些不安，似乎有不妙的事情要发生一样。

晚上8点，不妙的事情果然发生了：莫斯科城的中国区突然窜起火舌，熊熊大火很快就蔓延到市中心，整个莫斯科城都像一个巨大的火炉。

火势很快就窜到了克里姆林宫，拿破仑和士兵们一起参加救火的战斗，向房梁上泼水，用铁桶和扫帚扑火。

9月17日，持续了一天一夜的大火延伸到更为广阔的地区，法军进驻的北区和西区都已经燃烧起来，而且在风势的助推下，火势有增无减，豪华的剧场和大型建筑都笼罩在一片浓烟之中。火焰越过了克里姆林宫的城墙。

面对狂暴的火海，拿破仑面色苍白。他怎么也不相信，俄国人竟然会纵火烧毁他们的"圣城"。经过长时间的沉默，他不禁感叹道：

"多么可怕的景象！这是他们自己放的火！他们竟然有如此大的决心，这是怎样的人啊！这简直是一群野蛮人！"

克里姆林宫的大火已经无法征服，拿破仑被迫撤离莫斯科，将统帅部搬到城外数英里之遥的彼得罗夫斯克耶宫。

18日，老天帮了拿破仑一把，降下了一场大雨，大火被浇灭了，拿破仑再次回到克里姆林宫。在几天几夜的时间里，整个莫斯科城遭到了浩劫，四分之三的建筑——6000余幢的房屋被烧成灰烬，其中包括800多座教堂。

在这场大火后，拿破仑了解到俄国人战斗的决心有多么坚决。他决定诱使俄国提议停战媾和，尽快结束这场遥遥无期的可怕战争。

作为战争的获胜者，拿破仑要主动要求与战败国媾和，这还是第一次。当时，法军的状况也令人担忧，由于后勤供应和补给跟不上，饥饿的队伍入城后到处抢掠，各种犯罪和暴行不断发生。尽管拿破仑多次严明军纪，但无济于事。

面对这一切，拿破仑的脾气变得异常暴躁，经常对周围的人大发雷霆，但有时又会在几个钟头里保持死一般的沉默。看得出，他的内心此刻忧虑重重，举棋不定。

拿破仑认为，现在最好的办法就是与亚历山大缔结和约，然后带着自己的军队体面地撤出俄国，而不是在莫斯科度过即将到来的寒冬。可是，亚历山大却杳无音讯。拿破仑为此整日坐立不安，他开始想方设法将自己和平的意愿传递给沙皇亚历山大。

终于，拿破仑找到了一位合适的传话人选，他就是莫斯科教养院院长图托尔明先生。他是俄国皇后慈善机构的负责人，与皇家有挂钩。

拿破仑召见了图托尔明，向他反复强调，此次战役完全是出于政治目的，绝非因为个人野心。他叮嘱图托尔明，他现在的主要目的是以最快的速度获得和平。

彼得堡很快就收到了拿破仑的媾和建议，沙皇兴奋不已，他说：

"看吧，拿破仑已经山穷水尽了。不过，我们是决不会与他和谈的，这场战争不是他死，就是我亡！"

俄国宫廷以沉默的方式答复了拿破仑，这让拿破仑震惊了。他本以为已经战败的俄国会抓紧这个机会答应休战，可俄国人没有这样做。拿破仑一向习惯在被征服者的国家下达命令，但这次他的命令失败了。他觉得骑虎难下，说道：

"我们占领了俄国的'圣城'，如果不签订一个和约离开这里，我们就会被看做是失败的。整个欧洲都在看着法国，没有和平协议，后果不堪设想。"

此后，拿破仑又几次派使者将自己要求媾和的愿望传达给沙皇，但沙皇亚历山大态度强硬如铁，始终不给拿破仑答复。拿破仑日益焦虑，他要面临的麻烦也接踵而至。

（五）

1812年10月13日，莫斯科降下了入冬以来的第一场大雪。望着纷纷扬扬的漫天大雪，拿破仑面色阴郁。不久，他就召开军事会议。会上，将领们意见不一，有的主张进攻彼得堡，也有的主张坚守莫斯科，等明年天气回暖再与俄交战。

拿破仑权衡再三，觉得以目前法军和俄军的状况来看，一旦发起激战，法军极难取胜。如果继续固守莫斯科，法军只会面临更加艰难的处境。

最后拿破仑下定决心，撤出莫斯科，一向无往不胜的法军铩羽而归。

10月19日，在占领了莫斯科36天后，拿破仑率领法军浩浩荡荡地开出莫斯科城。拿破仑下令由莫蒂埃元帅带领7000人断后，并于23日炮轰克里姆林宫，但莫蒂埃未执行拿破仑炸宫的命令。

此时的法军有近11万人，他们排成八路纵队在大道上行进，后面还跟着长长的几万辆装有战利品和大炮的马车。

拿破仑计划率军经南线的斯摩棱斯克返回，希望能在卢卡加打败库图佐夫，并借此为此次大规模撤退扫清道路。

但拿破仑的计划被俄国人猜到了，他们在法军撤退的路上予以截击。10月23日，法军抵达波洛夫斯克。库图佐夫获悉后，立即将主力调到距离波洛夫斯克不远的莫洛亚罗斯拉韦茨，准备截击法军。

24日拂晓，两军前卫在莫洛亚罗斯拉韦茨展开一场血战。战斗整整持续了一天，双方损失都极为惨重。最后，俄军撤出了阵地。

10月25日，拿破仑在例行视察中险些被敌人擒获，多亏副官的保护才脱险。拿破仑非常生气，他决定改变原计划的撤退路线，停止向卢卡加进军，转而经奥什科夫到莫扎茨克。结果，这支庞大的队伍又改变方向，艰难撤退。一路上，法军每天都会遭受哥萨克骑兵的袭扰，他们对每一个掉队者都毫不留情。法军被迫放弃许多伤员，就连满载有战利品的运输车也甩掉了。11月初，内伊奉命指挥后卫，其本部仅剩6000人了。

由于库图佐夫穷追不舍，11月3日，两军在维亚泽玛又恶战一场，法军又伤亡5000余人。

11月5日，天降大雪，这更加剧了法军撤退的艰难。由于法军没有像俄军那样，在马蹄上加上防滑钉，以致战马在穿越冰冻的江河湖沼时常常滑倒，马腿也不断摔断。

11月9日，拿破仑终于到达斯摩棱斯克，大军团残部到13日也相继汇集那里。此时，法军的生还者仅剩5万，骑兵战马所剩无几。斯摩棱斯克本是法军交通线上的一个主要兵站，但此时存粮也已消耗殆尽，以致全军找不到任何可吃的东西。

11月14日，拿破仑率部离开斯摩棱斯克，但法军的情况愈加糟糕，许多人跌倒后便再也无力爬起来，以致活活被冻死。马匹大量死亡，骑兵不得不下来步行，最后大炮也不得不纷纷丢弃。到了夜间，天气异常寒冷，越来越多的士兵和马匹被冻死。在广袤的俄罗斯土地上，法军的尸体成堆成堆地暴露在外，被狼群啃咬着，被乌鸦啄食着。一位上校感慨说：

"这简直就是一个巨大的坟场！"

11月16日，欧仁的前卫在克拉斯诺被库佐里夫所阻。拿破仑到达后，将近卫军和达武军拉上去，才将俄军击退。同时，内伊的后卫部队也被俄军切断，经过一番激战，部队中的6000人仅剩800人冲出了重围。

现在，拿破仑的大军团正在面临着极其严峻的考验。本来拿破仑是想退往明斯克，然而当得知此地已被俄国海军上将奇恰戈夫占领后，他只能取道北面的一条线路退往维尔纳。在这条退路上，有一条列津纳河。法军要从俄国撤退，就必须渡过该河。然而此时，俄军已经抢占了河上的桥梁。

情势十分危急，许多人都开始绝望了，而拿破仑却很冷静。命运越是掐紧他的喉咙，他就越是强烈地反抗。拿破仑迅速下达命令：在部队的掩护之下，架桥过河。

11月25日晚，法军冒着严寒终于在列津纳河上建起了两座高架桥。然而当部队正在过桥时，俄军忽然从三面杀来。由于运输车辆引起混乱，桥上挤得水泄不通，法军又遭受惨重损失，2.5万人在此伤亡。

12月3日，拿破仑抵达摩洛迪和诺，在这里收到了14封来自巴黎的信件。在阅读这些信件后，他决定将大军的指挥权交给缪拉，同时嘱咐元帅们不要将他离开的消息公之于众，免得影响士气。

12月6日，拿破仑坐上雪橇秘密返回巴黎。

此次远征俄国，法军损失了近40万大军，1000门大炮，18万匹军马，以彻底失败告终。对于这次惨败，拿破仑慨叹说：

"从伟大崇高到荒谬可笑，其间只差一步。"

拿破仑有个名叫布里昂的秘书。有一天，拿破仑对秘书说："布里昂，你将来也会永载史册的。"布里昂感到迷惑不解，拿破仑提示道："你不是我的秘书吗？"布里昂恍然明白拿破仑的意思，微微一笑，然后从容不迫地反问道："皇帝陛下，那么请问，亚历山大的秘书是谁？"拿破仑答不上来，然后大笑着高声喝彩道："问得好！"

第十五章　艰难的撤退

挫折也有好的一面，它教给我们真理。

——拿破仑

（一）

当拿破仑在俄国远征时，巴黎发生了法国历史上最怪异、最具有传奇色彩的颠覆政权及推翻帝国的阴谋。

发动这场政变的人名叫马莱。他生于法国富绅家庭，曾在意大利莱茵地区的法国革命部队服役。但他始终反对拿破仑称帝，而且总是反对上级意见，因此被革职了。

1807年，警方发现马莱在密谋推翻政府，遂将其送入监狱。一年后，警方再次得到报告，说身在监狱中的马莱又在重做推翻拿破仑政权的美梦。

1812年，马莱获得释放，但被送进精神病院。在那里，马莱依然策划谋反活动。10月22日晚，马莱和他的同伙从精神病院的窗户逃出来，然后与外面的密谋者会合。次日凌晨，马莱及其同伙来到波比科特军营，准备取得军队的支持。

此时，营长克里内尔·索尼尔正在睡觉，马莱来到他的床前，谎称自己是"拉蒙特将军"，并通知索尼尔：

"皇帝陛下已经战死沙场，政权已经交接，这里有马莱将军要我转交给你的东西。"

马莱将自己事先伪造的信件交给迷迷糊糊的索尼尔，信中说："马莱将军"命令索尼尔将部队整顿好，听候"拉蒙特将军"的指挥。

15分钟后，马莱来到集合了1200人的队伍面前说，拿破仑已经死了，政权已经交接。接下来，马莱率领这些人来到监狱，释放了自己的几个同伙，然后准备实施政变。

很快，马莱就控制了几个主要政府部门，并命令将巴黎所有的出口都关闭。在阴谋进行过程中，除了萨瓦里，几乎没有人对拿破仑的死产生怀疑，他们全都按照阴谋者的命令行动着。

最终，马莱的阴谋被一位治安大臣处的监察长识破，因为他认识马莱，当时就是他亲自送马莱去精神病院的。在监察长的揭发下，马莱的阴谋才被识破。

一切阴谋很快就结束了，所有参与阴谋的人也被送入监狱。然而拿破仑从俄国返回获悉这件事后，却感到十分害怕，一个孤僻的疯子几乎成功地颠覆了他的政权。同时，他也为这次政变感到悲哀，因为他的军队轻而易举地就相信了一个疯子嘴里所说的"皇帝陛下已死，政权已经交接"的鬼话，而且这一切未经任何官方证实，这些人似乎都不愿考虑拿破仑还有继承人。拿破仑感到，法国的高官大臣和军队对自己的爱戴已远不如从前了。

不过，这件事并没有影响拿破仑很久。很快，他就开始着手组织新的大军团。他料想，敌人一定会快速发起反攻，他必须抓紧时间，赶在俄国军队在普鲁士边界集中之前采取行动。

这时，种种迹象也表明，法国的同盟国也在蠢蠢欲动，企图脱离法国的控制轨道，拿破仑必须以新的胜利来巩固对同盟国的统治。为此，拿破仑提前征召了1814年和1815年的两级新军，很快又集中了30万生力军。

此时，库图佐夫极力劝说亚历山大一世趁法军撤退之际与法国媾和，但野心勃勃的亚历山大坚决不同意，他将这看成是俄国势力进一步扩充的契机，下决心要将欧洲霸权夺过来。可是，俄军在追击法军过程中，其兵力也已损失三分之二，大炮也损失了一多半，要靠这样一支军队去战胜拿破仑，显然是有很大困难的。于是，亚历山大极力拉拢奥地利、普鲁士等国，号召组织反法同盟，并于1813年2月7日派兵进入华沙。

普鲁士国王威廉三世在俄国沙皇的威胁、怂恿和国内反法情绪影响下，决定背弃普法同盟。1813年2月27日，普鲁士与俄国签订同盟条约，规定俄出军15万，普鲁士出军8万，一起反法。3月13日，普鲁士正式对法宣战。同时，俄普还胁迫莱茵同盟参加反法斗争。

3月3日，瑞典王储贝尔纳多特在英国100万英镑军费补贴的诱使下，与英国签订同盟条约。3月23日，瑞士正式对法宣战。

与此同时，英国也极力加强在西班牙的军事攻势，准备从西南部进攻法国。

在英国的积极撮合之下，第六次反法同盟终于又组织起来了。参加这次联盟的有英国、俄国、普鲁士、瑞典、西班牙和葡萄牙等国。奥国没有直接参加反法同盟，只是以调停为名，拥兵15万，宣告中立，实际是在等待时机，从中渔利。

至此，拿破仑面临的敌人更加强大。

（二）

在大战爆发之前，拿破仑重新整编了大兵，新军总数达23万，共分12个军。只是由于缺少马匹，令外界谈之色变的法国骑兵数量不多，但拿破仑对此还是自信满满。

考虑到未来作战地区宽广以及指挥和实施后期保障的方便，拿破仑将新军又分为两个军团，一为"美因军团"，由第三、四、六、十二军和近卫军组成，是部队的主力兵团，由拿破仑亲自指挥；另一个是"易北军团"，由第五、十军的全部及第一、二、七军的各一部和一个骑兵师组成，由欧仁指挥。

1813年4月5日，拿破仑率领他的"美因军团"离开巴黎，前往爱尔福特。同时，他命令欧仁指挥"易北军团"沿易北河北上，向"美因军团"靠拢。他准备在两大军团会合后进军莱比锡，同俄普联军决战，先在南方取得优势，再北上柏林。

4月30日，法军两大军团会合，拿破仑将大本营设于魏森费尔期。此时，他又从贝唐德的第四军抽调两个师组建了一个新的第十二军，由乌迪诺指挥。此外，拿破仑还命令欧仁将"易北军团"主力南移，至哈雷和梅泽堡之间萨勒河下游的左岸集中。

5月1日上午，法军渡过萨勒河，分三路东进莱比锡。不久，近卫骑兵就在里巴赫山溪与敌前哨遭遇。俄军第一次炮火齐射就击中目标，贝西埃尔不幸被一颗炮弹击中，当场毙命。他是拿破仑第二个在战场上牺牲的元帅，拿破仑因为这位元帅的不幸身亡而深感悲痛。

不过，法军还是在这次战役中将俄普联军赶出了战场，联军损失近2万人，但法军也付出了巨大的代价。

5月2日，内伊在吕岑南边防守，以待后续部队靠拢，同时掩护易北军向莱比锡前进。此时，联军正在吕岑东南方向的皮高及附近地区集中，但由于法国缺少骑兵，没有对该地区进行有效侦察，因此对联军的动向毫不知情。

上午11时，忽然枪声大作，联军向内伊军发起猛烈攻击。联军是计划将吕岑与莱比锡之间的法军切断，然后再围歼莱比锡的法军。

拿破仑听到枪声后，立即命令向莱比锡进军的部队以及在吕岑以西的马尔蒙、贝特兰等军向吕岑南方挺进，协助内伊军作战。

在战斗中，拿破仑冒着枪林弹雨，亲自指挥战斗，并集中大炮猛轰联军中央。联军被分割开来。然而战斗进行到傍晚也未分出胜负，这时双方都损失了1万多人，剩下的部队也都筋疲力尽。于是，双方在战场上宿营休息。

夜里，重新整顿好的联军突然向法军发起偷袭，这意想不到的偷袭令法军陷入慌乱之中。但很快，拿破仑就镇静下来，冷静地指挥战斗，最终打败了联军的进攻。

联军经过几次激烈的后卫战后，撤退到德累斯顿以东约40千米的斯普里河东岸。在那里，他们以包岑镇为中心，依托河流和东岸的山脊组织防御。

吕岑会战后，拿破仑又对部队进行了整编。他判定，在包岑还会有一场大会战，因此下令全军向包岑行进。

5月20日，双方在包岑再次展开激战。这一战役中，法军损失1.3万人，联军损失约2万人，拿破仑又取得了胜利。但这次战术性的胜利只不过是一场肥皂泡式的胜利，因为法军骑兵薄弱，未能坚决实施追击，也没有扩大战果。

尽管如此，拿破仑还是乘胜追击，直接进入柏林。5月22日，法军在格里茨附近击溃了退却中的联军后卫部队。然而在这次战役中，迪罗克元帅中弹身亡，这一噩耗极大地震动了拿破仑。

（三）

联军接连败北，使普俄之间开始出现纷争。沙皇以巴克莱取代了维特根施泰因，而巴克莱认为目前难以取得军事胜利，坚持将俄军撤到波兰。于是，拿破仑于6月1日占领了布雷斯劳。

此时，交战双方都急于争取一段喘息之机，因此6月4日双方在普列斯维茨达成休战协议，休战期至6月底，后又延至8月17日。

不过，后来许多权威人士，包括内伊的参谋长约米尼在内，都认为签订休战协议是拿破仑一生中所犯下的最大的一个错误。因为这段喘息之机也许更有利于联军，而不是法军。另一方面，拿破仑的处境十分危险，因为他置身于一个对他充满敌意的国度里。

6月10日，拿破仑在德累斯顿设立大本营，并在这里挖掘战壕，修建了一个强大的兵营，作为下一步作战的基地。随后，他又着手整编军队，增强各部的战斗实力。

8月10日，停战的最后期限到了。8月11日，在战争前保持中立的奥地利对拿破仑宣战。这样一来，联军方面的力量显然已经超过了法军的力量。

事实上，奥地利既不希望拿破仑彻底战胜联军，也不希望联军彻底打败拿破仑，因为后一种结果就会使沙皇俄国称霸欧洲。在停战期间，奥地利希望能够说服拿破仑让步，但拿破仑指出，任何一点小小的让步对他来说都是一种屈辱。据此，奥地利与法国的关系破裂。

现在，联军加上后备部队队伍人数几乎已达85万人，而拿破仑的军队加上后备部队仅有55万人。

8月17日，战争重新打响，联军首先向法军发动攻击，而拿破仑却将主力预先集中在德累斯顿至格尔利茨一带。他想是以德累斯顿作依托点，静观联军的攻势。本来，拿破仑打算像以往一样，全力摧垮联军，然后向南对付施瓦岑贝格指挥的波希米亚军团，但他却有些犹豫不决，结果导致失败。

不过，在8月26日至27日的德累斯顿防御战中，拿破仑还是取得了胜利。在这次战斗中，拿破仑击败了施瓦岑贝格的多次进攻，联军伤亡约3.8万人，并损失了26门火炮，法军的损失只有1万余人。

联军败退时，拿破仑仍然因缺少骑兵而未能及时追击。所以，德累斯顿战役虽然获胜，但也是拿破仑在国外土地上获得的最后一次胜利。

两天之后，拿破仑部下的旺达姆第一军3万余人因急于建功，孤军突入波西米亚，结果在埃尔茨山的一条峡谷里被普军彻底歼灭。旺达姆本人也被联军俘虏。

此后，坏消息不断传入拿破仑的耳朵，麦克唐纳将军由于追击联军脱离主力部队，遭遇联军致命攻击，结果1.5万名法军被俘，大量武器被联军缴获。在柏林附近的乌迪诺军也被贝尔纳多特的瑞军击败，被迫退至威丁堡。

这些战事失利的消息传来，拿破仑表情平静，但其实他正为法军在德累斯顿获得压倒性胜利后连续惨败而懊恼不已。这表明，拿破仑的领导控制能力正在衰退，法军的作战行动中如果没有拿破仑本人的积极控制，他的整个指挥系统就会彻底瘫痪。

德累斯顿战役后，拿破仑对下一步的行动又有些举棋不定。而就在他在各种行动方案之间踌躇时，联军已展开了规模巨大的钳形攻势。布吕歇尔、贝尔纳多特、施瓦岑贝格率领各自的军团从3个方向向法军包抄过来。

（四）

10月10日，拿破仑将他的大本营转移到莱比锡以北约32千米的杜本，决心在莱比锡与联军进行一场决战。

就在拿破仑心急火燎地在莱比锡准备迎战联军时，他又得到了一个让他不安的消息：巴伐利亚国王和奥地利代表秘密会晤，并签订协约，巴伐利亚将派3.6万人的军队加入对法作战。作为交换条件，奥地利保证巴伐利亚将获得完全的主权。

拿破仑愤怒地诅咒巴伐利亚这个"背叛者"：

"混蛋！阴谋家！你们都会为背叛付出代价！"

10月14日，拿破仑又将大本营移到距莱比锡东北不到约3.2千米的一个小村庄罗伊德尼茨。这次，拿破仑选择的战场更加糟糕，因为他的19万人马被困在一个狭窄的圈子里，机动余地十分狭窄。

10月16日，联军向法军发动进攻，莱比锡大战的硝烟开始升起。联军炮火齐发。在炮火的掩护下，4股联军疯狂地向莱比锡的法军步步进逼。

敌军来势凶猛，法军的一线部队难以招架，拿破仑本想等后续部队到达后再发起还击，但战况根本不允许法军等待下去。

双方激战一天，胜负难分，交战双方各伤亡约2万余人。第二天，双方稍事休整，拿破仑请求休战，但联军未予理睬，因为拿破仑的外交伎俩他们早已领教过了。但联军也不急于重新开战，因为他们还在等待即将赶来援助的俄军。

10月18日，战斗再一次打响了。这天清晨，拿破仑视察了战场各个地段。尽管法军已经伤亡惨重，疲惫不堪，但依然井然有序。

7时整，联军向法军发起冲锋。法军顽强抵抗，但终因众寡悬殊被迫退守莱比锡郊区。此时，法军炮兵的炮弹几乎快用完了。从早到晚，双方损失都很惨重。夜幕降临后，拿破仑被迫下达撤退命令。

接到撤退命令的法军从四面八方涌来，一起涌入莱比锡城内。而法军只能从莱比锡西面出去，那里的林德瑙大桥是唯一的退路。结果，庞大的军队源源不断地从公路汇入城中，每条大路都塞满了撤退的法国大军，街道拥挤不堪。

10月19日，沙皇派人告知守卫莱比锡城的后卫部队，要求他们放下武器投降，以保全该城。然而，法军后卫部队断然拒绝了沙皇的要求。后卫部队本打算在法军部队完全撤出后再行撤退，然而他们没想到，由于一位工兵少尉的错误，在后卫部队未撤退之前就将石桥炸毁了，结果导致3.3万名法军后卫军和260门火炮全部落入联军之手。

在前面的战斗和这次撤退中，法军伤亡达7万多人，其中还有3万多俘虏和几千名投降者，另外还失去了48名军官。

在拿破仑的带领下，法军向法兰克福以及美因茨退去。由于担心联军追上，法军只能将受轻伤的士兵带上。在法军撤退的路上，到处都堆满了士兵、战马的尸体、破烂的马车以及不能用的大炮。

10月30日，法军在快到法兰克福时，4万名巴伐利亚军挡住了拿破仑的去路。虽然法军在大撤退，但面对这4万人的军队，12万法军并没有将他们放在眼里。法军集中了50门大炮，一起向敌人发射，强大的火力很快将巴伐利亚军打退了。

11月2日，拿破仑率队撤退到美因茨，在此逗留了几天。7日，拿破仑留下马尔蒙的3个军为后卫，自己启程返回巴黎。

此时，法军在维斯瓦河、奥得河、易北河一带的要塞已经全部落入联军之手，拿破仑已经陷入了四面楚歌的境地。

在一次行军途中，拿破仑的贴身警卫为了救拿破仑而不幸落马，整个身子都落入悬崖，幸亏一根树枝挂住了他的衣袖，使他没有跌入万丈深渊。在生死之际，卫兵拼命呼喊救命，拿破仑看了一眼结实的树枝，突然举起枪对准卫兵的脑门，厉声吼到："你若不自己爬上来，我就一枪打死你！"卫兵见求救无用，只好尽力自救，于是使用全身力气一跃，终于攀上了悬崖。

第十六章　被迫退位

我承认我很矮，但如果你由此而取笑我的话，我将砍下你
的脑袋，以消除这个差别。

——拿破仑

（一）

莱比锡战役失败后，拿破仑回到巴黎。这一次，法国民众的反应很
冷淡，沿途再也没有了以往的欢呼人群，也没有鲜花和笑声。饱尝战
争苦难的法国人民已经倾尽了财力和人力，他们无限企盼一个和平安
稳的生活环境。法国军队里的将官们也对拿破仑的再度征战表现出厌
烦的情绪。

拿破仑第一次意识到，他的大帝国已经处于岌岌可危的境地了。他
的哥哥约瑟夫已被英国和西班牙起义者赶出伊比利亚半岛，他的弟弟
威斯特法利亚国王热罗姆也从卡塞尔出走了，达武在汉堡被俄军和普
鲁士围困，法国在荷兰的权利也逐渐动摇。而更让拿破仑痛心的是，
他的妹夫、那不勒斯国王缪拉也背叛了他，投靠了联军。

在朝中，拿破仑的地位也有所动摇。阴谋家们蠢蠢欲动，弗歇尔和
塔列兰相互勾结，外通缪拉和英国人，内结朝中大臣，在朝野中四处

活动，大肆宣扬法国已处于四面楚歌的境地，并将这一切责任推到拿破仑身上。他们称战争完全是拿破仑个人野心膨胀所致，拿破仑是罪魁祸首。渐渐地，这些阴谋家周围聚集了愈来愈多的党羽。

拿破仑的法兰西帝国外患不断，内政不稳，陆上俄、普、奥等国联军正向巴黎进逼，海上英国强大的舰队正在虎视眈眈。法国的边境已经响起联军的炮声，三国君王已经决定在攻占法国之前与拿破仑进行最后的和谈。

尽管已经三面受敌，危在旦夕，反法联盟在兵力上也占据了绝大优势，但拿破仑仍决心组建一支新军，与反法联盟决一死战。

1813年12月初，拿破仑再次发出征兵令，新的大军中满是幼稚的孩子。法国民众开始大胆表示对皇帝的不满，向陛下呼吁和平，但拿破仑置若罔闻。他现在需要的是能够维护帝国大厦的战争，而不是代表屈辱的和平。

1814年1月4日，联军再次向拿破仑提出媾和，并附加了新的条件：法国必须退回到法国大革命以前的边界。

对于这一藐视性的建议，拿破仑勃然大怒：

"这些人当我不存在吗？难道他们忘记了，以前是谁将他们一一打败？"

鉴于拿破仑的不和谈态度，联军三支主力军开始向法国逼近：第一支是北面的英普联军，从荷兰出发；第二支由普鲁士将军布吕歇尔率领的西里西亚军，此时已渡过莱茵河；第三支是由奥地利将军施瓦岑贝格率领的奥军，已离开巴塞尔向科尔马进军。在不到一个月的时间里，拥军40万的联军便登上了法国土地。

法国民众被联军的强大实力吓呆了，整个巴黎都笼罩在巨大的恐慌和不安之中。战争已不可避免，拿破仑决定在联军会合前将他们各个击破。

1月24日晚，拿破仑在杜伊勒里宫召见了大臣们，交付一些重要的事情。在皇后的陪同下，拿破仑手牵着3岁的儿子罗马王，庄严地走到群臣面前。人们发现，上了年纪的拿破仑身体肥胖臃肿，面容苍白，脸上显露出烦躁忧郁的表情。

在人数如此众多的集会上，拿破仑显得有些沉默。最后，拿破仑神色凝重地说：

"明天一早，我即将奔赴战场，去指挥法军打败侵略者。在我离开之前，我将自己仅次于法国的珍爱——我的妻子和我的儿子放心地交付给你们，希望你们能够忠诚地守卫他们，将他们看做是你们的生命一般照料。"

接着，拿破仑停顿了一下，若有所思，然后缓缓地以沉重的语调说：

"我宣布，我的妻子——玛丽·路易斯成为帝国的摄政王。一旦我死了，我3岁的孩子将在摄政王的辅佐下马上即位。"

在拿破仑的一生中，他从未像爱小罗马王那样爱过任何人。他总是在百忙之中抽出时间与小罗马王做游戏，甚至让小罗马王骑在他的脖子上，这可是唯一一个骑在拿破仑脖子上的人。但在当天晚上之后，拿破仑就再也没有见过小罗马王了。

（二）

1月25日一早，拿破仑启程来到法军的集结地夏龙。在这里集中的法国兵力不到9万人，而且大部分都是不久前刚刚征召来的。

法军的第一个进攻对象是当时对巴黎威胁最大的布吕歇尔兵团。1月27日，法军与普军先头部队在圣迪埃展开激战，普军被击败。

29日，法军行至布里埃纳，在此向布吕歇尔军发起进攻，并一举击败普军，占领了布里埃纳。布吕歇尔军逃之夭夭。

　　当拿破仑信心十足地想象着这场战争的胜利时，联军已经在进行大规模的兵力调动了。布吕歇尔失利后，带领溃败的普军与施瓦岑贝格指挥的奥军会合，两军集结在拉罗蒂埃。此后，普王、沙皇、奥皇的军队也陆续赶到，联军集中在这里的人数达12万之多。而此时，拿破仑在前线的兵力仅有3万人。

　　2月1日下午，战斗再次打响了。拿破仑站在拉罗蒂埃河前的阵地上，泰然自若地指挥部队对大批进攻的联军进行顽强抵抗。占绝对优势的联军三面迂回包抄法军的侧翼部队，将法军的几个营从拉罗蒂埃河击退。

　　夜幕降临时，拿破仑的军队已经有7000人战死，可他仍不肯认输，依然死守住这块已成败局的战场，但最后终因寡不敌众，被迫撤退。

　　次日凌晨，法军撤出了阵地，向特鲁阿城推进。两天后，部队全部撤到特鲁阿城，但部队的情况却令人担忧，新兵开小差逃跑的达6000人之多，老兵也提不起精神。特鲁阿城内的居民对法军也不抱好感，不肯供应法军食物等补给品。

　　拿破仑的处境越来越危险，俄、普、奥联军正以锐不可当之势向巴黎挺进。2月5日，联军召开会议，再次向法国全权代表科兰古提出停战条件：法军从各地撤军，退回到1791年时的疆界。当拿破仑得知联军提出的条件后，长时间陷入沉默之中。

　　在经过两天的苦苦思索后，拿破仑告诉元帅们一个最后的决定：拒绝让步，继续给予联军痛击。

　　当元帅们听到这个决定后，面面相觑。

　　之所以拒绝撤退，是因为这时拿破仑发现联军犯了一个致命的错误，即分兵进军巴黎。此时的施瓦岑贝格认为法军已经一蹶不振，于是率领15万人取道塞纳河谷向巴黎进发，而布吕歇尔也分兵三路进军巴黎。这一部署给了拿破仑可乘之机，他下令维克托和乌迪诺拖住势力较弱的施瓦岑贝格，自己则亲率主力打击布吕歇尔军。

2月10日，拿破仑率主力军队与布吕歇尔的中路军交火。由于法军发动突然袭击，并在兵力上占据优势，敌军很快就被消灭了。法军此次大获全胜，士气大振。

次日，法军再次获得胜利。在蒙特马拉，拿破仑率领2万人与布吕歇尔的另一路军激战，最后法军彻底击败联军，并将残军一直向北赶过马恩河。

14日，拿破仑率军抵达沃尚，此时马尔蒙军正与布吕歇尔军激战。在法军的前后夹击下，联军大败。

这时，拿破仑获得消息：施瓦岑贝格正在逼近巴黎。拿破仑迅速做出战略调整，决定狠狠打击施瓦岑贝格军团，拯救巴黎。

得胜的部队总是士气高昂，在接下来的战役中，法军如同一只猛狮，打得敌人抱头鼠窜。2月16日、17日、18日、22日，法军在季涅、南吉斯、蒙特罗、梅里与联军交战，连连告捷。

由于节节胜利，拿破仑的脸上也焕发出别样的光彩，脾气也不那么暴躁了。拿破仑对自己的军事天才充满信心，对战事的胜利也充满了必胜的信念。

（三）

法军的勇猛和军事胜利让盟国君王们深感不安，他们再次向拿破仑提出停战。可是，处于辉煌胜利顶点的拿破仑对此一口回绝。他是不会轻易停战的，他要依靠自己最完善的军事艺术来战胜最强大的敌人，以战场上的胜利迫使对方接受自己的条件。

拿破仑的不妥协态度，让联盟各国也坚定了彻底打垮他的决心。1814年3月1日，联军召开会议并达成协议：大不列颠、俄国、奥地利和普鲁士保证不单独与法国媾和，而将战争继续下去，直到把法国赶回1791年时的边界之内，使德意志、荷兰、瑞士和西班牙获得完全独立。

这个共同对付法国的条约限期是20年。与此同时，英国还向联军提供了500万英镑的巨额战争经费。由此可见，盟国打败拿破仑的毅力有多么坚决！

3月7日，法军在克拉奥纳大败奥军，奥军被迫撤至拉昂。然而在拉昂进行整顿后，普军卷土重来，大败法军马尔蒙军，布吕歇尔向拿破仑报了一箭之仇，布吕歇尔的韧性战斗终于拖垮了拿破仑。

这时，南面80千米外的塞纳河前线也传来令人沮丧的消息：施瓦岑贝格又重新活跃起来，将乌迪诺和麦克唐纳军从奥布赶到普罗万附近，巴黎再次处在危险之中。

拿破仑迅速东进，向兰斯扑去，并于3月13日在兰斯打败了圣普里斯特的俄军。然而，拿破仑此时也意识到大势已去了。

为解巴黎之危，拿破仑构想了一个从布吕歇尔和施瓦岑贝格两军间隙东进，直抵圣米耶尔附近的默兹河畔的冒险计划，意在救援摩泽尔河上游梅斯和蓬塔穆松各处被围困的法国守军，以获得新的力量，让他那支疲惫不堪的部队得以加强。他认为这样可以改善自己的处境，威胁到奥军的交通线，并迫使施瓦岑贝格退回莱茵河。

然而，这是个近乎狂妄的计划。按照这个计划，马尔蒙将率1.7万人留守巴黎，抗击布吕歇尔的10万大军。

3月22日，拿破仑开始东进。不幸的是，他在写给玛丽·路易斯皇后的一封信中泄露了这一计划：

"我决定东进马恩河，以迫使敌军远离巴黎，将敌军吸引到我的要塞附近来，今晚我将驻扎在圣迪齐埃。再见，亲爱的！吻我的儿子。"

这封信被布吕歇尔所截获，拿破仑的全盘计划完全被联军掌握。联军准备抓住时机，直逼巴黎。

这时，巴黎的局势已经恶化到了极点，摄政王路易斯做好了最坏的打算。她忧心忡忡地说：

"联军可能在数天内就占领巴黎，真是让人不寒而栗！"

路易斯的担忧没过多久便成为现实。3月25日，联军向巴黎城郊发起猛攻，马尔蒙的军队被击溃，被迫向巴黎撤退。

3月28日，杜伊勒里宫召开紧急会议，讨论皇后和罗马王的安置问题。次日，路易斯带着年幼的皇储罗马王离开巴黎，前往布鲁阿去了。

3月30日，巴黎民众被轰隆隆的炮声惊醒，联军潮水般涌入巴黎。巴黎守军经过几个小时的顽强抵抗，终因寡不敌众，于下午5点宣布投降。

此时，正着手东进的拿破仑获悉后，急行军准备返回巴黎救援。然而当他于30日晚抵达巴黎以南的儒维西时，联军比他抢先一步，巴黎已经被联军占领了。

至此，拿破仑的精神彻底崩溃了，无可奈何地南退48千米，撤往枫丹白露。

（四）

巴黎已成为联盟军的天下了。1814年4月2日，参议院在联军的要求下，颁布了一条法令，宣布拿破仑丧失帝位，废除拿破仑的世袭君主制度。以塔列兰为首的临时政府立即根据这一法令发表告法国军队书，通知部队不能再为拿破仑效命，参议院已经解除了他们对拿破仑的誓词。

当拿破仑接到参议院关于废黜皇帝的信件时，脸色苍白，一连串的打击令他神思恍惚。大势已去，江山已失，一手建立的帝国和皇朝不见了，拿破仑伤心地说：

"我要求得太多了，我把弓拉得太满了，过分信任自己的好运。我的失败是咎由自取，我是我自己最大的敌人，是造成我不幸的祸因。"

但是，拿破仑依然不服输，他想继续带领近卫军向杜伊勒里宫进发，去抢回属于他的一切。这时科兰古在一旁暗示他：只要他宣布个人退位，联盟各国还有可能同意法国建立一个摄政政体。

拿破仑在众人的劝说下，经过几个小时的痛苦挣扎，终于做出了一个异常艰难的决定：宣布退位。

在拟好退位诏书后，拿破仑再次召集元帅们，向他们宣读了诏令：

"同盟各国既已宣称皇帝为重建欧洲和平的唯一障碍，皇帝恪守自己的誓言，宣告他本人及其后嗣放弃法兰西和意大利的王位。为了国家的利益，他愿意作出任何牺牲，甚至包括他的生命。这是为了国家的利益，而国家的利益又同他的儿子、摄政整体以及皇后的权力和帝国的法律的维持不可分割。"

一下子似乎苍老了10年的拿破仑，说出这番话来令将士们极为感动，他们都不由自主地哭了。虽然这些将士不愿再跟拿破仑去打仗，但并不代表他们对拿破仑没有了友谊。毕竟，拿破仑卓越的军事天才和智慧曾带领他们走向一个又一个的辉煌。

平静下来后，拿破仑留下了科兰古、内伊和麦克唐纳三人，然后命令他们三人作为专使赶往巴黎，与盟国君主商议摄政一事。

三人抵达巴黎后，沙皇亚历山大立即接见了他们。当接到拿破仑宣布退位的签字文件时，他诡笑了。他终于用自己的足智多谋、狡猾阴险和自然条件打败了拿破仑的英勇果断、狂妄扩张和冒进精神。原来，他只向拿破仑一人表示过敬畏和屈服；现在，他再也不会向欧洲的任何一个人低下他那高贵的头颅了。

但科兰古等三人提醒沙皇，拿破仑曾经许诺不把任何政府强加于法国，而且一旦波旁王朝复辟，忠于拿破仑的军队就会起来反抗，内战就会不可避免。因此，他们请求亚历山大接受摄政整体，让3岁的罗马王统治法国。

亚历山大对此有些犹豫不决，因此召见了临时政府的全体成员。临时政府却一致反对摄政，而且塔列兰也极力反对，称拿破仑的野心是不会让他甘于屈居别人之下的。

在政府官员与沙皇还在讨论时，忽然一个消息传来：法军的马尔蒙元帅弃主易帜，归顺临时政府，拿破仑掌握的直接主力背叛了他。

沙皇闻悉，很快便答复了拿破仑的三位特使：联邦国家不同意与拿破仑谈判，也不同意采取摄政政体，拿破仑必须无条件退位。亚历山大还特别嘱咐三位：拿破仑可以保留皇帝的称号，并且每年有一笔生活费，他可以选择厄尔巴岛作为他的居住地。

1814年4月11日，拿破仑在枫丹白露签订了《枫丹白露条约》。条约规定：拿破仑皇帝及其家族放弃对法兰西帝国、意大利王国和其他国家的一切主权和统治权；拿破仑终身保留皇帝的称号，拿破仑家族成员也保留亲王的称号；拿破仑皇帝拥有厄尔巴岛的完全主权和所有权，并将获得每年200万法郎的年金。

曾经一手创建的辉煌璀璨的王朝就这样结束了，拿破仑怀着不屈的意志踏上了流放的旅途。

　　拿破仑当了统帅以后，有一次约几位元帅到郊外赛马。正在扬鞭畅奔时，他的赛道突然被几个乞丐挡住。卫兵们举枪喝斥乞丐散开，而拿破仑却放慢马速，命令卫兵们和他一同绕道，并大声说："请尊重弱者。"

第十七章　重返法兰西

　　工作是我的一切，我生来就是为了工作。即使我身后什么也没有留下，即使我所有的业绩全部毁灭。

——拿破仑

（一）

　　根据《枫丹白露条约》，拿破仑必须前往厄尔巴岛，名为皇帝，实为囚徒。

　　1814年4月20日，在枫丹白露宫的正庭里，拿破仑与跟随他多年的近卫军们举行了庄严的告别仪式。随后，在俄、奥、普、英的监护和千余骑兵的簇拥下，拿破仑开始向厄尔巴岛进发。

　　4月26日，拿破仑到达伊杜城堡，在这里见到了妹妹柏琳娜。柏琳娜坚持要与拿破仑一起去厄尔巴岛，拿破仑同意了，并为能在岛上有一个忠诚的人交心感到欣慰。

　　4月28日，拿破仑一行登上英国的"无畏号"战舰。由于海上风向多变，直到5月4日，拿破仑才登上厄尔巴岛的首都波托费拉约。

　　厄尔巴岛位于科西嘉东50千米处，接邻意大利，面积约200多平方千米，人口仅1万多。从中世纪起，这里分属比萨、热那亚、西班牙、意大利等国。1814年时，曾属拿破仑在意大利的领地。

根据《枫丹白露条约》，拿破仑保留帝号，但其活动范围及主权之地都仅限在这个小岛之上。拿破仑被允许保留400名士兵的武装力量，同时，大约有700名老近卫军士兵也自愿行军来到厄尔巴岛保卫拿破仑。

岛上的居民对拿破仑的到来充满善意和敬意。拿破仑没有让他们失望，他们看到的拿破仑没有灰心丧气、精神萎靡，而是充满活力、反应敏捷。

刚一踏上小岛，拿破仑就下决心好好治理这个微型国家。他遣人在山麓上兴建了两幢房间当做临时宫殿。皇宫落成之后，他还下令组成了一个参议院，参议员由跟随他来岛上的两位将军和岛上代表组成，开会时由他当主席，讨论岛上的一些大事。

从此，厄尔巴岛上到处都留下了拿破仑那勤快的脚印，人们经常看到他骑着马，在地中海温暖的阳光下巡视岛上的一切。拿破仑的政治才能和经济才能在这个小岛上也施展开来，他制订了公共事业规划，规划中有预算、有步骤，也有明确的目标；他建立了船队，进行海上捕鱼等活动；他奖励农业，改进环境卫生，还创建了一座剧院。

在拿破仑的治理之下，数月之后，厄尔巴岛上呈现出一番新的景象，道路四通发达，沿海堤岸修筑得漫长而整齐，学校教育遍及全岛，来此观光的游客对拿破仑的治理才能都赞不绝口。

8月2日，拿破仑的母亲来岛上看望他，拿破仑非常高兴，将母亲安置在一栋美丽的海边别墅。从母亲口中得知，他的前妻约瑟芬已经去世了，这让拿破仑一连几天都难过不已。虽然他已与约瑟芬离婚，但他毕竟曾深爱过这个女人。

对约瑟芬的追忆很快勾起了拿破仑对妻子路易斯和儿子罗马王的思念，他渴望路易斯能够带儿子来岛上与自己团聚。于是，他写信给奥地利国王，请路易斯和儿子到岛上来。可是，此时的路易斯早已忘记了拿破仑，她正沉浸在维也纳的高歌醉舞之中呢。

久久得不到路易斯的回信，拿破仑十分苦闷和不满。就在这时，他的情妇拉辛斯卡夫人带着他们4岁的儿子亚历山大来到厄尔巴岛，这给遭受厄运的拿破仑带来了无比的安慰。

在厄尔巴岛的前几个月中，拿破仑全神贯注地治理着这个微小的国家，仿佛对外界的事务已完全不关心。就连他自己都对英国代表坎贝尔说：现在除了他的小岛，什么东西都不能让他感兴趣。

然而人们万万没想到，这个被囚禁在厄尔巴岛上的失败者，竟然在几个月后再次创造出令人难以置信的奇迹。

（二）

当拿破仑蛰伏在厄尔巴岛上时，法国的境况日渐糟糕。1814年4月6日，拿破仑宣告退位那天，法国元老院便发布一项宣言，召唤常年在外流亡的路易十八回国，重建波旁王朝。倒霉而愚蠢的路易十八得知自己不久就可以入主法国，重新当回国王，高兴得痛哭流涕，丑态百出。

4月24日，路易十八到达加来。5月2日，他在圣多昂发表一项宣言，允诺尊重民主宪制。6月4日，宪法在两院中宣读。随即，这位身躯硕大，胖得连走路都要倚靠两边拐杖的王位继承人，穿着一件蓝色翻领大袍，胸前挂着一个旧式金牌，蹒跚地走进杜伊勒里宫。波旁王朝复辟了。

路易十八重新掌权巴黎后，法国王党分子各个兴奋不已。拿破仑的威胁不存在了，他们需要重新恢复以前的特权，让自己尽情享受贵族特有的待遇。很快，路易十八就恢复了国内在革命前的种种旧制度，并建立起专制高压统治，连扶助路易十八上台的塔列兰对其都连连摇头，发出这样的感慨：

"这么多年在国外流亡，一点新的意识都没有学到，反而始终没有忘记旧的、已经腐朽的东西。"

法兰西人民很快就意识到，路易十八不仅不会给他们带来和平安稳的生活，反而会将他们带入更加深沉的黑暗之中。拿破仑统治下的专制政府至少曾给法国带来过荣誉和活力，而路易十八的专制统治则显得腐败无能。贵族不劳而获，享受丰厚的待遇；平民百姓被苛捐杂税压得喘不过气来。

1814年11月，战胜拿破仑的欧洲四大强国俄、普、奥、英在维也纳讨论欧洲善后问题，结果为战利品的分配不均而争吵不休，一个个在谈判桌上争论得面红耳赤，几乎到了剑拔弩张的地步。最终，盟国又分成俄普和英奥两个对立的阵营。

1815年1月3日，英国和奥地利达成了一个共同对付俄国和普鲁士的条约，法国也加入英奥同盟，各国分别出兵15万进攻俄普。塔列兰为此高兴地写信给路易十八，告诉他反法同盟永远解散了。

国内外形势的变化都没有逃过拿破仑的眼睛，他那看似平静的生活再起波澜。1815年2月，法国政治家马雷等人派遣弗勒里·德·夏布隆乔装成水手到厄尔巴岛见拿破仑，向拿破仑详细地报告了国内普遍不满的情绪以及贵族们强取豪夺的无耻行径，并说一些官员和军队都在盼望拿破仑回去。拿破仑那颗重返欧洲的雄心立即被激发起来，他决定马上采取行动，返回巴黎。

拿破仑是个非常懂得掌握最佳时机冲锋的人，他知道，此时不论是法国内部，还是欧洲大陆，都呈现出一种新的局面，一种对他重新"出山"十分有利的局面。在认真地考虑了一整夜后，他决定尝试一下新的命运。

不过直到临行前，拿破仑才把自己的行动告诉了母亲和妹妹。年迈的老母亲十分惊愕，一副发僵的神态，然后喃喃地说道：

"去吧，孩子，去完成你的命运吧。也许你会遭到失败而马上丧失生命，但你不能留在这里，这里的情况令人悲哀。我希望在这么多次战斗中都保佑你的上帝再一次保佑你。"

说完，母亲紧紧地拥抱了自己的儿子。

妹妹柏琳娜更是万万没想到拿破仑会采取行动，她听后简直惊呆了。她预感到大难将再次临头，她哭泣着把一串钻石项链交给拿破仑的助手马尔尚，说：

"不幸的皇帝有可能用得着这串项链。要是他真的遭到厄运，马尔尚，千万别抛弃他！一定要好好照顾他！"

与以往不同的是，现在拿破仑显得更加冷静，他小心翼翼地实施着自己的计划。首先，他命人将自己的"无常号"双桅船油漆成英国船一样，这一命令也正式拉开了拿破仑伟大计划的序幕。

（三）

一切准备工作都在秘密进行着，这时，负责监督拿破仑的英国代表坎贝尔正好前往托斯卡纳度假。于是，1815年2月26日晚，在一切准备就绪后，拿破仑率领1000多名还蒙在鼓里的全副武装的士兵，趁着夜色登上了为数有限的几艘舰只，舰上还装载了几门大炮。接着，他登上自己的"无常号"双桅船，悄无声息地离开了厄尔巴岛。

在拿破仑离开的第二天，英国人才赶到空无一人的那座房子，发现皇帝卧室的床头柜上放着一部有关查理五世的著作，而记载着他让位的那一页正打开着……

让拿破仑感到幸运的是，一路上英国的军舰都没有出现。船队在海上航行了3个昼夜，拿破仑一行终于靠近了法国海岸。这一刻，拿破仑心潮澎湃，激动不已，但神色却极为凝重。他知道，这是自己最后的机会了，以生命为赌注的最后一搏。一旦输了，就再也没有丝毫机会了。可是，如果不作这最后的尝试，他死都不会甘心。

3月1日凌晨3时，拿破仑的小船队在儒昂港登陆。当海关卫兵们看到登陆的是拿破仑时，立即向他脱帽致敬。拿破仑以他那惯有的洪亮声音向当地士兵发表了著名的演说：

士兵们，我在流放中听到了你们的声音。它使我决心再次回到巴黎，实现你们的愿望。现在，我回来了。

我是被你们的盾牌和双手推登上统帅位置的，我是被法国人民的呼声拥立为君主的，我是拿破仑。现在，应你们和法国人民的呼喊，我回来了。

抛弃波旁王室的旗帜吧，那面旗帜已为我们的民族所废弃，而且25年来一直起着纠集法国敌人的作用。展开那面在我们伟大胜利的日子里你们举起的三色旗帜取而代之吧，再次拿起你们在乌尔姆、奥斯特里茨、耶拿、弗里德兰、莫斯科所举起的鹰旗吧！

士兵们，团结在你们统帅的旗帜周围吧，他的利益、他的荣誉和你们的相同，完全相同！胜利将由你们创造，辉煌将由你们书写，让我们共同为一个自由、和平、民主的法国而战！将来，你们可以光荣地向法国人民展示你们的伤痕，告诉他们你曾经是这个帝国的救星。在你们的晚年，你们将可以豪迈地说：

"我把叛逆和敌人在巴黎的出现而使那里沾染上的污垢给洗净了！"

士兵们，荣誉将归于你们，归于我们的祖国法兰西！

拿破仑的这番演讲立即让士兵们热血沸腾，他们纷纷向拿破仑热烈欢呼，很快又重新簇拥在三色旗和鹰旗之下。

拿破仑将从厄尔巴岛带来的大炮扔在海边，然后率领队伍沿着阿尔卑斯山脚地带向北挺进。他要不费一枪一弹赢得整个法国。每经过一个城镇，他都向民众和士兵发表演说，告诉大家，他现在唯一的使命就是恢复法国的秩序，给祖国的同胞一个适合民情的宪法。他还向大家保证，他将不再依靠战争赢得光荣，不再以武力支配欧洲各国，法国要与欧洲各国和平相处。

此时，法国的民众对无能的波旁王朝早就心怀不满，尤其痛恨流亡的贵族回来后再次霸占了他们在革命时期分得的土地。如今，拿破仑那发自肺腑的演说及其勇敢、冒险的大无畏精神深深地感动了他们，拿破仑再次成为他们心中理想的领导者。

很快，拿破仑所经过的城市乡村都纷纷挂起了三色旗，各地驻军都纷纷奔向他的怀抱，他的队伍像滚雪球一样迅速壮大起来。

3月3日，拿破仑返回法国的消息传到巴黎，波旁政府惊恐万分，立即派军队前去阻止拿破仑。3月7日，拿破仑的队伍来到格勒诺布尔附近的拉米尔村，正面遭遇王军。

但是，拿破仑并没有命令士兵开枪，而是自己径直走到王军军队面前，高声喊道：

"你们当中谁想杀死皇帝，那就开枪吧！"

说着，他解开上衣，露出胸膛，勇敢而无畏地面对王军士兵们一个个黑洞洞的枪口，傲然站立。

突然，士兵中间爆发出雷鸣一般的欢呼声：

"皇帝万岁！"

接着，王军士兵们也纷纷丢下武器，蜂拥而上，跪倒在拿破仑脚下，簇拥着他。拿破仑浑身颤抖，双眼噙满泪花。这是他一生当中最为激动的时刻。

在征服意大利的一次战斗中，士兵们都很辛苦。拿破仑在夜间巡岗查哨时，发现一名巡岗士兵倚着大树睡着了。他没有喊醒士兵，而是拿起士兵的枪替他站起了岗。大约半小时后，哨兵从沉睡中醒来，认出了自己的最高统帅，十分惶恐。拿破仑并没有恼怒，而是和蔼地对士兵说："朋友，这是你的枪。你们艰苦作战，又走了那么长的路，打瞌睡是可以谅解和宽容的。但目前，一时疏忽就可能断送全军。我正好不困，就替你站了一会儿，下次一定小心。"

第十八章　再次登上皇位

最困难之时，就是离成功不远之日。

——拿破仑

（一）

拿破仑的队伍越来越大，北进也变成了一次凯旋的仪式，各地守军纷纷扔掉白色的波旁帽章，加入到拿破仑的行列里来。1815年3月10日，拿破仑抵达里昂，驻此的麦克唐纳元帅和阿图瓦伯爵已闻风而逃，通往巴黎的道路畅行无阻。

3月11日，拿破仑检阅了里昂的守卫部队。晚上，他出现在军队和民众面前，发表讲话：

"我这次回来，是为了保卫大革命带给我们的利益。我们将给你们一个极为合法的宪法，而它将由人民和我共同制定。"

同时拿破仑还宣布，废除波旁王朝的贵族统治，将其白旗更换为代表革命的三色旗。他的演说博得了人们的热烈欢呼。

为了凝聚人心，拿破仑对法军将领们无论是当即投诚的，还是效忠路易十八最后才降顺的，一律宽恕接纳。这种宽宏大量的气度吹散了这些人心头的阴霾，也将波旁王朝最后的一丝希望吹得烟消云散。路易十八见状，仓皇离开巴黎，向里尔逃去。

现在，向巴黎进发的早已不是从厄尔巴岛下海时那支不整齐的小队伍了，而是一股强大的、谁也无法抵挡的洪流。

3月19日晚，拿破仑带着前锋部队进入枫丹白露。3月20日晚9时，拿破仑在随从人员和骑兵的前呼后拥下进入巴黎。在这里，拿破仑受到了几近疯狂的欢迎。就连不少贵族们都躲在一旁暗暗叹息：

"魔力——拿破仑具有魔鬼般的魅力，人们几乎无法抗拒他的号召。只要他举起旗帜，人们马上就会走火入魔般地跟他挥戈跃马。"

拿破仑也颇自豪地说：

"我是凭着法国人民和军队士兵的信任被重新迎接回来的。我没有动用一枪一炮。我知道，人民和军队依然没有忘记我，依然敞开胸怀来拥抱我。"

拿破仑以前的朝臣大都又回到他身边，如康巴塞雷斯、达武、德克雷、马雷等，甚至连弗歇尔也不例外。拿破仑都不计前嫌，与他们倾心交谈。

回到巴黎后的拿破仑丝毫不敢松懈，他深知同盟国仍将是他最大的威胁。因此复位后，拿破仑尽量向同盟国表示自己愿意和解，不再侵犯欧洲各国。

但是，同盟国对拿破仑的示好显然不太信任。面对拿破仑这位战争狂人，之前因利益矛盾而争吵不休的各国立即停止争吵，再一次联合起来，将矛头一致对准拿破仑。

1815年3月25日，第七次反法同盟正式成立。这一次，同盟国决心彻底打垮拿破仑，将战争狂人打入地狱，让他再也不能翻身。

拿破仑很清楚，同盟国不会给他恢复喘息的机会，因此他必须抓紧每一分钟重建帝国政权和大军。首先，他组建了新的政府和内阁，一些老臣被他重新任命为各个部门的负责人；其次，他还进行了广泛的政治和社会改革。他曾多次声明重建的帝国将与过去不一样，其主要任务是保证法国人民的和平与自由，法国再也不谋求对欧洲的任何统治权，但坚决反对外国对法国进行任何形式的干涉。

4月23日，拿破仑颁布了一个《帝国宪法补充条款》，表示要"通过加强公众自由来增进法国的繁荣。……把公众自由、个人安全同能够使外国人尊重法国人民的独立和帝国威望的那种力量和仲裁作用在最大程度上结合起来"。

与此同时，拿破仑还扩大了两院对政府的控制权，准许新闻自由，扩大公民权，重新树立起帝国形象。

（二）

尽管拿破仑希望自己重返法国可以给人民带来和平和自由，但事实上，他带来的却是火与剑，因为同盟国拒绝拿破仑向他们提出的一切和平建议，他们一心要将这位战争雄鹰关入牢笼。

被国内外危急形势束缚了双翼的拿破仑，此时心急如焚，焦虑不安。就在这时，他在路易十八的办公室里偶然发现了一份1815年1月3日英、奥、法三国签订的对付俄普的同盟条约副本。这让拿破仑十分高兴，他认为自己已经找到了一把瓦解同盟国的利刃。

随后，拿破仑立即将这份公文送给正在维也纳的沙皇亚历山大一世，想以此离间反法同盟，并敦促沙皇与自己合作。

亚历山大接到这份秘密条约后，果然大怒，马上叫来奥地利首相进行质问。

然而拿破仑没想到的是，亚历山大一世最后竟然忍住了愤怒，将这一纸文书当众投入壁炉的熊熊火焰中。不仅如此，亚历山大还号召同盟国之间立即停止争斗，共同联合起来，一起对付拿破仑。

之所以如此，是因为在亚历山大看来，与那份英法秘密同盟比起来，拿破仑才显得更加可怕和更有危害力。如果不打倒拿破仑，整个欧洲大陆的封建统治秩序都将彻底动摇。

拿破仑再次失望了。

联军一步步逼近法国，战争近在眼前，拿破仑必须马上打造一支强大的帝国军队，以抗击联军的围攻。

在拿破仑被流放在10个月里，由于经济萧条，法国军队已大幅裁减，连征兵制度都被路易十八废除了。为了征得兵员，拿破仑号召业已复员的军人及遣返的战俘归队，同时召集国民自卫军。

同时，他还下令蒂尔和凡尔赛兵工厂立即生产步枪，甚至授权到英国或瑞士购买步枪。

除了兵员与武器外，拿破仑最缺乏的就是有能力的指挥官。现在，只有塞纳、苏尔特、内伊、莫蒂埃、弗歇尔和格鲁希等人愿意为他充当军队的指挥官。

拿破仑以超乎寻常的充沛精力和高效能的组织能力，终于在短短的时间内组织起了帝国大军。到1815年5月底，拿破仑的总兵力已达28.4万人，并颁令正式组建为4个新军团，即北方军团、摩泽尔军团、莱茵军团和阿尔卑斯军团，其中北方军团为主力军团，拿破仑亲自指挥。此外，他还组建了3个"观测军"，分别保卫侏罗、瓦尔和比利牛斯边境。

就这样，拿破仑在不足3个月的时间里便组建起一支几十万大军的帝国军队，书写了他军旅生涯的另一页辉煌。6月1日，拿破仑在五月广场举行庆典，企图用自己一贯的号召力唤起国内所有男性公民的爱国热情。然而除了军队，法国人民并没有他期望的那样热情高涨，大家的脸上都流露出对战争充满恐惧的神色。

此时，同盟国联军已经兵分5路，开始了第二次大举进攻法国的行动。英荷军团9.3万人，由英国将领惠灵顿公爵指挥；普鲁士军11.7万人，由布吕歇尔指挥。这两个军团已在6月14日集合完毕，部署在比利时的布鲁塞尔以东一线。奥地利军约21万人，由施瓦岑贝格指挥，集中在莱茵河上游；俄军15万，由巴克莱指挥。奥意军7.5万人，由弗里蒙特指挥，在意大利北部的德意边境集中。

同盟国已经协商决定，在6月27日到7月1日之间，越过法国边界向法军发起进攻。届时，惠灵顿、布吕歇尔和施瓦岑贝格的3个军团直接进攻巴黎，巴克莱军团作为第二梯队，随以上3个军团之后行动，准备随时援助他们之中任何一个进攻失利和损失严重的军团，继续向巴黎进攻。

联军计划以绝对的优势兵力对巴黎实施四面围攻，一举击垮刚刚建立起来的拿破仑的法军军队。

（三）

战争的气氛已经愈加浓重，拿破仑密切关注着联军的动向，并开始盘算起自己的作战计划来。

当时，一支奥地利撒丁联军正威胁着法军东南部，为数17万的俄国大军和25万奥地利大军正分别向洛林和阿尔萨斯慢慢推进。布吕歇尔统率的12万普军驻扎在列日与沙勒罗瓦之间。

拿破仑估计，俄奥两国的军队应该在6月底以后才可能渡过莱茵河，因此对巴黎最直接的威胁是来自比利时西部的惠灵顿部队和占领该国东部的布吕歇尔部队。事实证明，他的推断完全正确。

基于此，拿破仑决定这次绝不重蹈1814年的覆辙，作困兽之斗，而是先发制人，出其不意地以快制敌，对最近的敌人惠灵顿和布吕歇尔实施打击，在6月底以前取得决定性的胜利。

对于拿破仑的这一计划，惠灵顿和布吕歇尔毫不知情。胜利的天平似乎从一开始就倾向了拿破仑。

看到自己的计划得逞，拿破仑当即决定乘两军不备将自己的主力插入敌人两个兵团之间，切断它们的联系，然后逐一歼灭。

6月15日凌晨2时，拿破仑的军队开始向联军发起进攻。事实证明，拿破仑的作战计划十分完美，战争爆发时，拿破仑处于非常有利的地位，他已在敌人阵前完成了秘密集结，完全可以在敌人尚未反应过来之前发动突然袭击，然后在一两天之内摧毁这两支联军中的一支，再猛击另外一支。

然而，这一次幸运之神却背叛了拿破仑，几次偶然事件打破了他的完美设想。

就在拿破仑下达进攻命令后不久，负责统帅帝国卫队的莫蒂埃元帅因突发坐骨神经痛，不得不将指挥权交给安托尼伯爵和副司令德鲁埃。在给旺达姆传送进攻命令的信使半路又耽误了，而到达时旺达姆碰巧又不在；随后派来送信的副官因深夜骑马而摔了下来，不省人事。而当旺达姆得到命令时，洛保的第六军团已经开到他的营地，这让拿破仑的整个进攻计划被拖延了数小时。

更糟糕的是，旺达姆与洛保的军队都挤在一条路上，道路严重堵塞，情况混乱不堪，行军缓慢。当拿破仑于15日中午到达沙勒罗瓦时，那里连防御都成了问题。

5个小时之后，旺达姆终于赶到阵地，但这已经落后拿破仑的进攻计划整整3个小时了，致使拿破仑对普军发动突袭的计划落空。

军队集结完成后，拿破仑马上率军在沙勒罗瓦突破普军防线，普军伤亡惨重，退守吉里。

当天下午，内伊元帅赶到沙勒罗瓦与拿破仑军会合，随即率军开赴格西里斯。在通过弗里斯尼斯向北推进的卡特尔布拉斯农庄时，遭遇魏玛王子贝尔纳德带领的仅4500人的普军。

卡特尔布拉斯农庄的战略位置十分重要，因此普军顽强抵抗。然而由于内伊缺乏高明的战略眼光，且普军誓死抵抗，内伊没有将攻击进行到底，很快就草草收兵，退回到弗拉斯内。

内伊做梦也没想到，就因为自己对卡特尔布拉斯的轻易放弃，导致拿破仑在这次战役中的又一次大不幸，而这个不幸对他以后的战役也产生了致命的影响。

第十九章　滑铁卢兵败

我成功，因为志在要成功，未尝踌躇。

——拿破仑

（一）

1815年6月16日上午8时，格鲁西向拿破仑报告称：普军正向桑布里费集结，看样子是准备在利尼附近展开会战。

拿破仑马上命令内伊指挥原辖兵力继续向卡特尔布拉斯进攻，近卫军和骑兵预备队随后跟进，准备支援。在占领该阵地后，再向布鲁塞尔发起进攻，争取在16日夜间或17日凌晨攻占布鲁塞尔，从侧后面包围惠灵顿的军团。

随后，拿破仑动身赶往弗勒吕，到那里时已是上午11点了。此时，法军右翼第三军已完成攻击部署，但第四军却迟迟未到。原来，由于苏尔特一时疏忽，第四军昨晚露营在桑布尔河两岸，因距离太远，一时难以跟上。

为确保进攻胜利，拿破仑决定等第四军到达后再发起进攻，这就让他又一次失去进攻良机。因为在上午11点左右，联军在松布雷夫列阵的只有奇坦军团，人数仅为2.8万。如果拿破仑此时发起进攻，完全可以轻易拿下利尼—松布雷夫阵地。而晌午一过，普军的两个军团就赶来了。

直到下午1点，法军第四军才匆匆赶来，此时普军已有3个军团约8万人集中在利尼村附近了。不过，拿破仑见布吕歇尔主力军集中在此地，还是很高兴，当即决定：改变首先歼灭惠灵顿军团的计划，集中现有5万兵力攻打布吕歇尔。

下午2点半，法军开始进攻，直到第四次冲锋才勉强占领利尼村，但很快又被普军预备反冲击赶了出来。拿破仑很着急，他急切盼望内伊军赶快回来支援。

此时的内伊正身陷泥潭不能自拔。由于先前的犹豫不决和行动迟缓，致使惠灵顿的一部分兵力已占领了卡特尔布拉斯。现在，内伊的第二军被惠灵顿军团的2万人死死拖住，根本不能脱身。

拿破仑迟迟等不来内伊的援军，便再次下令给内伊，要求他抽出戴尔隆的第一军迅速攻击敌人右翼，同时命令作为总预备队的第六军马上从沙勒罗瓦赶到利尼前线。

战况在急剧发展，拿破仑亲自督促法军发起一次次猛烈冲击，普军8万余人也被拖得筋疲力尽。到下午5时左右，布吕歇尔的预备队已全部投入战斗。拿破仑估计从内伊那里调来的第一军最迟也能在6点前到达，便决定出动近卫军进行最后的冲击，与即将到来的第一军共同歼灭利尼的普军。

就在近卫军准备完毕，即将发起进攻时，旺达姆忽然派人报告说，一支为数两三万的敌军正向弗勒吕前进，拿破仑判断这应该是惠灵顿的军队，于是又命令近卫军不要发起攻击，以应对突然事件。同时派出一个参谋去弄清这路敌军的情况。

2个小时后，侦察人员回来说，那支军队就是戴尔隆的第一军，而现在已经开走了。拿破仑大惊失色，马上派人去追赶，但已经来不及了。

此时已是傍晚7点半了，天马上就黑了，拿破仑决定不再等待援军，随即收拢起惊慌失措的部队，又向普军发起进攻。

天气变得闷热起来，不一会儿，一场大雨从天而降，地面顿成泽国。近卫军冒着大雨发起冲击，很快占领了利尼村。

等雷雨过后，落日的余晖照亮战场时，普军元帅布吕歇尔才发现他的大军已被法军截成两段。他大吃一惊，马上又率军向法军攻击，企图夺回利尼。在混战中，布吕歇尔的坐骑中弹倒闭，老元帅摔倒地上，摔得鼻青脸肿。

这时，法军已从四面紧逼过来，在骑兵的掩护之下，普军连拉带扯才将这位72岁的老元帅救出包围圈，然后四散撤退。

此时的法军也已疲惫不堪，只得放弃继续追击普军。

（二）

当晚，拿破仑在距威灵顿前沿约约3.2千米的勒凯卢农庄过夜。整个部队都淋得犹如落汤鸡一般，靠在热纳普背后的公路两旁露宿。

18日凌晨2时，拿破仑收到了格鲁希的一份报告，称有一部分普军已经向华费里方向撤退，可能企图与惠灵顿部会合；布吕歇尔的主力部队则有可能退往列日。

这一次，拿破仑这位伟大战神的英明被格鲁希骑兵所带来的这份错误情报给葬送了。事实的情况并不像格鲁希报告中所说的那样，布吕歇尔的普军并未向列日方向撤退，而是向华费里方向撤退了，而且这一军也于17日下午撤到华费里。同时，位于列日的第四军也奉命赶往华费里集合。

就在拿破仑收到格鲁西的报告之时，惠灵顿也已获得布吕歇尔战败的消息，这时他发现自己的左翼已暴露，随时可能有被法军包围的危险，因此决定向布鲁塞尔南面22千米的滑铁卢地域撤退。与此同时，他收到了布吕歇尔的急件。

布吕歇尔告诉惠灵顿，普军已撤退至华费里。如果惠灵顿与拿破仑决战，他会整顿部队即来支持。布吕歇尔的信坚定了惠灵顿在滑铁卢与拿破仑会战的决心。

此时，法军对联军的行动毫无察觉。当拿破仑发现惠灵顿的部队撤退时，再想追击已经来不及了，英军已经成功撤走，并在滑铁卢以南进入主力阵地。

惠灵顿将阵地设在布鲁塞尔以南约22千米、滑铁卢以南约3千米处的一片丘陵地带，以圣杰安山高地为主阵地，这里可以俯视整个战场，十分有利于进攻和防守。惠灵顿是一位防御战术的大师，前一天法军停止追击，让他赢得了充分的时间利用地形布阵，以对付强敌。

在阵地的右翼是惠灵顿的防御重点，他在那里使用了英国近卫军；荷兰军和其他国的杂牌部队被安置在中央阵地上；在左翼最外端，他配备了强劲的英国骑兵旅。这样看起来，中央阵地似乎是薄弱部位，但其实狡猾的惠灵顿利用中央阵地后面的圣杰安山作为掩护，在那里藏着强大的预备队及密集的火炮。

而拿破仑恰恰忽略了惠灵顿的这一布置。根据联军阵地的部署，拿破仑决定集中主力首先突破联军防御薄弱的中央阵地，抢占圣杰安山，然后向两翼扩大战果，将敌人一分为二，各个歼灭。

也正是因为这一疏忽，注定了拿破仑在这一战场上的悲剧，使原本倾向于他的胜利天平悄悄地转向了他的对手。

18日这天，一场绵绵细雨将法军原定于9点发动的进攻推迟了。10点钟，拿破仑生平最后一次检阅了他的部队，法军士兵们发出的"皇帝万岁"的呼声如狂涛般响彻云霄，这场面给拿破仑及在场的所有人都留下了深刻的印象。

10点30分，拿破仑一声令下，法军80门十二磅重炮同时向英军阵地轰击，会战开始了。

（三）

战斗开始后，不知为什么，拿破仑竟将整个进攻的指挥权交给了内伊，这简直是个致命的错误。内伊虽然作战勇敢，但他刚愎自用，缺少战术意识，而且以前在耶拿、包岑和邓尼维茨会战中，因为他的失误曾造成多次不幸。

另外，拿破仑还做出了一个不智之举，就是让他最小的弟弟热罗姆来指挥雷耶军的第六师。热罗姆是个头脑发热的家伙，他率领部队很快就占领了霍高蒙特南面的树林，原本已经完成了任务，可他一心贪功，转而又继续向联军的防御重点——霍高蒙特别墅发动冲击。结果三次冲击均被击退，损失惨重。第二军长雷耶见亲王被困，被迫增派一个旅去支援热罗姆，结果将一个旅徒劳无益地投入攻夺战中，白白耗费力量。

与此同时，戴尔隆军在内伊的催促下，采取密集纵队进攻惠灵顿中央军，结果被尤布里奇的两个骑兵旅冲垮，损失惨重。

下午1点左右，拿破仑正准备命令第一军发起进攻，实施中央突破时，他突然从望远镜中发现一大队正向联军后面移动的部队。从侦察兵抓来的普军俘虏口中得知，这正是前来攻击法军右翼的普军第四军。然而，这个俘虏并没有将真实情况全盘托出，他隐瞒了普军还有两个军团紧跟在后面的事实。

拿破仑马上传信给格鲁希，让其率军过来，从右面攻击普军，组织普军支援滑铁卢。

可是，拿破仑的信直到下午5点才到达格鲁希手中，而此时华费里的普军第三军已将格鲁希牢牢困住，他根本无法脱身去执行拿破仑的命令。

下午1点半，法军向滑铁卢的全面攻击开始了，但进展并不顺利，霍高蒙特和拉海圣两个阵地久攻不下，法军伤亡惨重。拿破仑一扫之前的自信，显得烦躁不安。但他还不知道，这只是他一系列失败的开始，他的命运在这一刻已经被彻底决定了。

拿破仑心急如焚，他不顾苏尔特的劝告，抛出了法国骑兵的全部预备队，对敌军阵地发起第二次进攻。正当法军猛攻英国主阵地时，法军右翼忽然传来一片呼声，原来是布吕歇尔率领的3万人赶到战场前来支援。

下午6时，拿破仑再次铤而走险，试图突破威灵顿的正面，同时命令内伊再作一次努力夺取拉海圣。由于守军弹药耗尽，戴尔隆的两个师终于拿下这个目标，但内伊的骑兵也全都筋疲力尽，未能扩大战果。

下午7时，会战进入高潮。普军在普朗努瓦集结了大量兵力，威胁着法军的退却线。此时，拿破仑手中只剩下唯一的一支预备队——老近卫军了。他孤注一掷，将其中两个营用于驱逐普朗努瓦的普军，而将8个营交给内伊作最后的挣扎，企图突破威灵顿的防线。

但是，内伊不去扩张拉海圣已被撕开的口子，而是向左攻击英军近卫步兵据守的防区，结果法军近卫军伤亡惨重，溃不成军。

拿破仑手里的最后一点预备队都被打光了，此时，惠灵顿的英军却发出全线反击的号令。拿破仑的帝国卫队顿时溃败。

见势不妙，拿破仑匆忙赶到拉海圣以南，企图重新集中3个近卫军团，阻止溃逃的法军，以稳住阵脚，但呼叫声瞬间就淹没了他的命令。拿破仑不得不放弃战斗，随军败走。

滑铁卢之战，法军伤亡人数约有2.5万人，8000人被俘，其余人都逃散了，220门大炮也成为废铁被丢弃在沉寂的战场上。联军方面，惠灵顿军团死伤1.5万人，布吕歇尔军团死伤7000人。

法国彻底战败了，曾经插满几乎欧洲大陆每个角落的鹰旗在这凄凉的夜风中无声地跌落了。拿破仑这只帝室雄鹰，曾经叱咤风云，不可一世，带领法军飞跃一片又一片战场，如今彻底惨败了，拿破仑的时代也彻底结束了。

6年后，当上了瑞典国王的贝尔纳多特曾这样评价他：

"拿破仑并不是被世人征服的，他比我们所有人都伟大。但上帝之所以惩罚他，是因为他只相信自己的才智，他把他那台庞大的战争机器用到了山穷水尽的地步。然而凡事物极必反，古今概莫能外。"

这的确是对拿破仑十分中肯的评价。

第二十章　孤岛葬英雄

人一生一世，不给人间留点痕迹，不如不出生。

——拿破仑

（一）

滑铁卢惨败之后，拿破仑再也没有崛起的机会了。1815年6月21日，他精疲力竭地回到爱丽舍宫，没有多说一句话，只是吩咐随从自己要洗澡。在战争过程中，由于没有条件进行特殊的水浴治疗，拿破仑的排尿困难症加重了。尤其是得了痔疮，他连骑马都十分困难。

这时，两院已经背叛了皇帝。他们宣布国家处于危险之中，拿破仑必须退位，才能保证国家的安全与和平。可在工人区，人们却大声疾呼：坚决反对皇帝退位，保卫巴黎。

在6月21日和22日两天，不断有游行的队伍在高呼：

"皇帝万岁！打倒叛变者！"

"不需要退位！"

"要皇帝和国防！"

"打倒议会！"

……

愤怒的人群甚至涌上街头，把一些衣着华丽、被他们认为是贵族的人打得半死。拿破仑的弟弟吕西安极力建议拿破仑像当年发动雾月政变一样解散两院，重新征召军队，准备再战；共和派卡尔诺也极力劝说拿破仑实行专政和发动人民战争，以应付危急的局面。

但拿破仑认为，时代已经不同了，他所依赖的资产阶级完全抛弃了他，他不愿意将法国的平民大众与资产阶级对立起来，不希望看到自己的国家因此而发生内战。

于是，他屈从了议会的决议。6月22日，他再次签署退位诏令，内容如下：

> 法兰西人！在这场维护国家独立的战争开始时，我曾指望我们能够团结一致，上下一心。我以这种团结为成功的依据，藐视了同我敌对的列强所发出的一切公告。但形势出现了变化，现在面对法国敌人的憎恨，我自行作出牺牲。但愿像他们在声明中所说的，他们确实是真诚的，即仅仅仇视我个人！拿破仑的政治生命已经完结了，我宣布：我的儿子以拿破仑二世的称号为法兰西人的皇帝。现任的各位大臣将暂时组成一个政府会议。我对于我的儿子的关心，促使我请国会迅速依法建立摄政制。为了国家的安全，为保持民族的独立，法兰西联合起来吧！

两院在接受了拿破仑的退位诏令后，为表示对逊位皇帝的尊敬，特地派来了一个委员会答谢拿破仑。拿破仑最后一次身穿皇袍，接见了前来致谢的委员会，各位国民大臣都随侍在侧。拿破仑脸色苍白，但依然坚定、威严。

在答谢词中，拿破仑建议全国一致迅速准备防务，并提醒大家：他的退位是有条件的，包括他儿子的利益在内。下院议长怀着诚挚的敬意答道，拿破仑刚刚所提到的各个问题，下院并没有任何指示。

这时拿破仑已经完全看清了，他的儿子继位是没希望了。他礼貌而充满尊严地送走了这个委员会。

随后，议会立即任命一个五人执政委员会，组成临时政府，由卡尔诺、科兰古、弗歇尔、格雷尼埃和几内特组成，弗歇尔被选为主席。

此时，联军已经逼近巴黎，拿破仑写信给弗歇尔，表示愿意指挥士兵防卫巴黎，但弗歇尔给他的回答却是：请他赶快离开巴黎前往罗什福尔港，那里已经为他准备好两艘巡洋舰，运载他去美国。

拿破仑认为这是弗歇尔对他的侮辱，但此时他对这个阴谋家已经没有任何办法了。拿破仑只能顺从自己的命运。

6月29日，拿破仑悄然乘车前往马尔梅松。

（二）

马尔梅松是拿破仑在法兰西的最后一站，这也是他年轻时取得过胜利的地方。这里，他的母亲和兄弟约瑟夫、吕西安、热罗姆以及对他忠心耿耿的朋友们都聚在一起，为这位伟大的征服者做最后的送别。7月3日，拿破仑抵达罗什福尔港。

此时，临时政府请求惠灵顿发给拿破仑赴美的护照，但惠灵顿以未得到本国政府的训令为借口拒绝发放。

联军距离巴黎愈来愈近了，临时政府企图唤起士兵们的抗战热情，但未能成功，士兵们拒绝打仗，理由是他们"没有了皇帝"。这时，苏尔特和格鲁希的残军已经被驱赶到巴黎城下，英军和普军紧随其后。经过一阵毫无意义的抵抗之后，法军总司令达武被迫于7月3日与联军缔结休战协定，法兰西首都向联军投降，法国军队也都撤到卢瓦河以南。联盟各国通知法兰西联合政府，他们的职权已经结束，路易十八数日内将重掌王权。

7月8日，大腹便便的路易十八再次回到他祖先留下的王宫中。

由于英国舰队严密封锁了大洋的一切出口，拿破仑只能滞留在罗什福尔港。有人建议他不要坐巡洋舰，而是坐小船秘密离开，但拿破仑拒绝了。

7月8日，路易十八重新复位的这一天，拿破仑登上一艘巡洋舰，来到罗什福尔城西北一个名叫埃克斯的大岛上。岛上的人们认出了他，水兵、士兵、渔夫、居民纷纷从不同地方涌向巡洋舰，希望能够看一眼法兰西的皇帝。守卫该岛的士兵还希望拿破仑检阅他们的军队，拿破仑答应了他们的请求，并观看了他们根据自己的命令在岛上修筑的工事。皇帝的到来，令岛上的士兵和民众狂欢不已。

然而，拿破仑的处境却越来越窘迫。巴黎发来命令，禁止他重登大陆，并告诫他只有在邻近海面上没有英国舰队时才能出海。

第二天，巴黎又发来一份文件，限令拿破仑在24小时内必须起航。

英国人已经做好了战斗准备，时刻巡逻在海港的出口。拿破仑当即作出决定，派身边的萨瓦里公爵和拉斯加斯伯爵前去会见英国舰队的梅特兰舰长，询问是否准许他去美洲的两艘巡洋舰通过。

梅特兰舰长接见了拿破仑的两位使者，但他却极有礼貌地拒绝了拿破仑提出的请求。他说：

"有什么可以保证，拿破仑皇帝现在到美洲去，而不会重新再回来，又使英国和整个欧洲遭受新的流血牺牲和物质损失呢？"

萨瓦里公爵回答说：

"1814年的第一次退位与此次退位大不相同，现在是他完全自愿退位。虽然在滑铁卢之战后他还可以继续当皇帝和继续作战，但现在皇帝已经自愿放弃了，并坚决永远退隐，去过私人的生活。"

"如果是那样，"梅特兰反驳说，"那么皇帝为什么不去英国，不把英国作为自己的藏身之所呢？"

巡洋舰上的法国官兵得知皇帝有可能落入英国人之手，个个义愤填膺。"美杜莎"号舰长波内对蒙托隆将军说：

"我刚刚同我的军官们和全体船员商量过，决定夜晚用'美杜莎'号去攻击英国舰队，缠住他们，然后让皇帝的巡洋舰趁机冲入大洋。"

蒙特隆将军将波内舰长的计划告诉了拿破仑，但拿破仑不同意。他说，他现在已经不是皇帝了，为拯救个别人而牺牲法国巡洋舰及法国海军士兵是绝对不行的。他已经决定了自己的命运，准备去英国度过余生。

7月14日，拿破仑向英国摄政王发出信函：

"尊贵的殿下：鉴于内有党派纷争之患，外有欧洲列强与我为敌，我决意结束政治生涯。……现在，我要求英国人民炉边的一席之地。我将自己置于英国的法律保护之下——我要求殿下，要求我最坚强、最难对付，也是最宽宏大量的敌人的保护。"

同日，古尔戈和拉斯卡斯带着这封信登上英舰。舰长梅特兰当即保证会把拿破仑送到英国，但又明确表示：这位前皇帝将完全由英国政府处置。

15日天刚刚亮，英国霍瑟姆海军将官的旗舰"雄伟"号已经来到拿破仑的眼前。拿破仑这时才明白，梅特兰对他实行了缓兵之计，目的是拖住他。拿破仑逃脱的最后一线希望破灭了，现在，他只能去英国。

拿破仑登上一只小船，朝英舰开去。他身穿自己最喜爱的近卫轻骑兵制服，头戴三角帽，离开法国双桅船。人们向他最后一次欢呼"皇帝万岁"，欢呼声随着他乘坐的小艇渐渐消逝，随即转为哀泣……

（三）

1815年7月15日早6时，拿破仑登上英国"别列洛风"号舰艇，梅特兰舰长在旋梯下迎接着拿破仑，并向他低头鞠躬。

拿破仑上船后，"别列洛风"号随即起锚驶往英国。拿破仑注视着他的帝国海岸线在他的眼中逐渐模糊，心中悲怆不已。他的哥哥约瑟夫同时乘另一艘船去了美国，他们都不敢想象这会是他们的永别，但一切都已经注定，无法改变。

在整个航程中，拿破仑的心情不错，既然已决定离开法国前往英国，他也不再为自己的处境感到难过了。

26日，"别列洛风"号驶入普利茅斯海峡。不久，海军基地司令长官凯茨勋爵向拿破仑递交了一份英国政府给他的书面决定，内称：为防止欧洲和平再受扰乱，决定限制拿破仑的自由，"至何种程度，视需要而定，务必达到上述首要目的"；同时还决定，以圣赫勒拿岛为拿破仑的居留地，因为该岛既有利于健康，又比其他地方可以实行较小程度的限制。

对于英国政府的这个决定，拿破仑愤怒地提出抗议，声明自己并非战俘，而是"经与舰长事先磋商"，作为乘客乘"别列洛风"号前来。

7月31日，英国政府将最后决定通知给拿破仑：他不得在英国登陆，而是马上转往圣赫勒拿岛。除了将军的身份之外，不承认他有任何其他称号。

这一次，拿破仑平静地倾听着来函的宣读，没有一点吃惊和愤怒。当问他有什么话要说时，他以一种非常安详的态度与和善的面容宣告：他严正抗议刚才宣读的命令，拒绝被当做俘虏送往圣赫勒拿岛。他坚持自己有权被当做一名主权君王，而不仅仅是一位将军。

然而一切都是徒劳，拿破仑的命运早已注定。拿破仑是一个清醒的现实主义者，他早已明白：这次真的是穷途末路了，英国人绝对不会再给他东山再起的机会。

1815年8月7日，拿破仑从"别列洛风"号转移到巡洋舰"诺森伯轮"号。两天后，"诺森伯伦"号起航，载着拿破仑一行开始了前往圣赫勒拿岛长达两个多月的漫漫苦航。

苦闷的航程令人感觉烦闷枯燥，但拿破仑很快就适应了这种生活。他叫随从马尔尚在自己的舱房里搭建起"行军图书馆"，这个行军图书馆是他每次出征时都携带的，里面包括600卷图书，由6只桃花心木的书箱装着。他躲着自己的舱房里，借着烛光如饥似渴地阅读这些书籍，并认真写下读书笔记，开始在另一个世界里沉思，暂时远离他热衷的战争和政治。

经过67天的海上航行，1815年10月15日，这一行流放者终于看见了圣赫勒拿岛。遥望那阴森森的悬崖峭壁，易受感触者不禁为之怅然若失。军医瓦尔特·亨利写道，这个海岛是"人类所能想象得出的最丑恶、最荒凉的石头岛。它的崎岖不平、支离破碎的地面，就像是从海洋深处冒出水面的一个毒瘤"。

而望着这荒无人烟的小岛，最痛苦的莫过于拿破仑本人，他失魂落魄地对马尔尚说了一句无限伤感的话：

"这不是一个吸引人的地方。如果可以选择的话，当初我宁愿留在埃及，那我就已是整个东方的皇帝了。"

（四）

圣赫勒拿岛是南大西洋一个非常荒凉的孤岛。该岛在17世纪后半期归属英国，是英国西印度公司往来于英国和印度之间的一个船只停泊港。它距离最近的海岸——非洲海岸大约有2000千米，再加上岛上阴森森的悬崖峭壁和堆砌的火山岩，这些似乎成了拿破仑的天然监狱。现在，欧洲列强们再也不担心拿破仑会逃离圣赫勒拿岛回到巴黎，重现"百日政权"那一幕了。

登上圣赫勒拿岛后的最初一个月里，拿破仑住在一所名叫"荆园"的小别墅里。在那里，他上午口授回忆录，由拉斯卡斯或古尔戈记录；晚上经常与邻居巴尔科姆一家共同进餐和消磨就寝前的时光。巴尔科姆先生是个上了年纪的商人，奉命为拿破仑一行人经办膳食。夫妇俩都殷勤好客。他们还有两个可爱的小女儿，一个15岁，一个14岁，经常和拿破仑玩"惠斯特"牌，或向他问一些稚气十足的问题，这让拿破仑的日子能过得稍微愉快一些。

一个多月后，拿破仑搬到一所名叫"长村"的新住宅。房子坐落在海拔527米的高地上，空气清爽，在这块点缀着桉树的平地另一边，延伸着宽达2.4千米的跑马场。

为了杜绝拿破仑逃跑的任何一个微小机会，英国人采取了森严的警戒方法。拿破仑被限定在周界约约19千米的一块三角形地带生活。在这一范围内，他可以自由活动；但在此界外，布置着一连串的哨兵。拿破仑一伙的来往信件也都必须由代总督审查。

在海岛附近的海域，有两艘英国战舰不断巡游，任何外国船只都不准在该岛附近停泊。如果有船只因重大灾难而不得不停泊时，也不准任何人上岸，英国战舰会派遣一名军官和一队人马上船，严密监视船上人员的一举一动，防止他们与岛上联系。

一个习惯于指挥千军万马驰骋疆场的人，突然间被囚禁在这个远离大陆与世人的孤岛上，在英国人的严密监督下生活，其精神折磨和痛苦程度可想而知。拿破仑不甘心顺从英国人强加给他的种种限制，更不愿忍受孤岛上枯燥寂寞、无所事事的囚徒生活，因此从1815年到1821年间，他多次向英国政府提出抗议。但英国内阁一直都佯装不知，不给拿破仑任何答复。

随着长年累月日复一日的时间推移，拿破仑一伙人的生活变得越来越暗淡。他身边的人有几位也耐不住寂寞苦楚，终于离他而去了。最先离开的是拉斯卡斯，他回到法国后，将拿破仑口授的《回忆录》和日记进行了一番精心整理出版，结果捞到一笔丰厚的稿酬。第二个离开的是古尔戈，再接着是医官奥默阿拉等人。拿破仑的生活变得更加单调而乏味，他的身体状况也越来越差，并且经常患病。

1820年末，拿破仑的病情加剧，精神也越来越差。他经常几个小时沉默不语，忍受着来自胃部的剧烈疼痛。

1821年1月，拿破仑试图用体操来制服疾病，但他很快就发现自己力不从心，体力也在迅速下降。3月，他身体上的疼痛发作越来越频繁，还经常发烧、呕吐。这些病痛折磨得他苦不堪言。但他拒绝英国医生给他开的药，他大叫着：

"我不吃药！既然英国要我的尸体，我不会让他们久等。我现在用不着毒药就可以死去了！"

<h1 style="text-align:center">（五）</h1>

1821年4月13日，拿破仑开始口述他的遗嘱。尽管病痛在折磨着他，他还是字斟句酌，反复推敲。他在遗嘱中写道：

　　50多年前，我生于罗马教会的怀抱，死也属于这个教会。我希望我的遗体安葬在塞纳—马恩河畔，让我在我如此热爱的法兰西人民中间安息。

　　我对于我最亲爱的妻子玛丽·路易斯是感到满意的，直到临终时刻都对她怀有最深厚的感情。我请她悉心保护我的儿子，他从孩提时代开始，身边就布满了陷阱。

　　我嘱咐我的儿子，千万不要忘记，他身为法兰西皇子，决不能成为压迫欧洲人民的执政者手中的工具，也永远不要以任何方式对抗和损害法兰西。他应该牢记我的座右铭：一切为了法国人民。

　　我因遭受英国寡头政治及其雇用的刽子手的谋害而过早死去，法国人民迟早会为我报仇的。

　　我之所以会失败，乃是由于我的部署马尔蒙、塔列兰等背叛所致，但我决意宽恕他们，愿法兰西的后代子孙们也同我一样宽恕他们。

4月14日和15日，拿破仑都在口述他的遗嘱。他决定将自己2亿法郎的财产分为两半，一半留给曾在他的旗帜下战斗过的军官以及他记忆所及、在他的事业早期阶段为他服务过的人们；另一半捐给1814年和

1815年遭受入侵的法国各省市。

4月16日，拿破仑勉强起床执笔，将这份遗嘱重新抄写一遍。

5月5日，是拿破仑生命中的最后一天。这一天，他不停地呻吟着，显得异常痛苦。他的健康状况已经崩溃，私人医生束手无策。

下午5点50分，拿破仑停止了呼吸。一颗伟大的帝王之星就这样划破长空，悄然陨落了。

1821年5月9日，即拿破仑去世的第四天，他的随从人员按照拿破仑生前的吩咐为他举行了葬礼。在礼炮的轰鸣声中，拿破仑的棺木被徐徐下葬在圣赫勒拿岛上托贝特的山泉旁边。在这幽静的峡谷深处，几棵垂柳掩映着一泓溪水，秋海棠、美人蕉竞相开放。拿破仑，这位一度叱咤风云、有功也有过的盖世英雄，静静地长眠在这些鲜花绿叶之下。

拿破仑死后的3年零4个月，法国波旁王朝再度覆灭，取而代之的是七月王朝的国王路易·菲利普。他顺从了法国人民的呼声，在旺多姆圆柱顶上重新竖立起拿破仑像。法国人民长久以来压抑着的对英雄的哀思之情喷薄而出，一股前所未有的拿破仑热以铺天盖地般的势头席卷法国。

19年后，在法国人民的强烈要求下，在征得英国人的允许后，法国国王路易·菲利普派儿子儒安维尔亲王亲自乘军舰前往圣赫勒拿岛，接回了拿破仑的遗骨。

1840年12月15日，巴黎人民满腔热情地为拿破仑举行了隆重的接陵仪式。数不尽的人冒着严寒，迎着风雪，护送着这位英雄的灵柩前往塞纳河畔的荣军院，为这位法兰西不朽的英雄送别。

拿破仑的遗愿终于得以实现。从此，他以一个老兵的身份安息在塞纳河畔，安歇在他热爱的法国人民中间……

拿破仑生平大事年表

1769年8月15日，拿破仑·波拿巴出生于法国科西嘉岛阿雅克肖城一个破落的贵族家庭。

1778年　离开故乡前往法国。

1779年　进入奥顿中学读书。同年，进布里埃纳军事学校就读。

1784年　进入巴黎军官学校。

1785年　父亲病逝。同年，被任命为瓦朗斯拉费尔炮兵团炮兵少尉，离开巴黎前往瓦朗斯。

1786年　返回科西嘉。

1787年　由科西嘉回到巴黎。

1788年　返回科西嘉。同年，到奥松服役。

1789年　巴黎人民攻克巴士底狱，法国大革命开始。同年，返回科西嘉。

1791年　升任中尉。同年，任瓦朗斯炮兵四团军官。

1792年　被选为阿雅克肖国民自卫军中校。

1793年　参加马达莱纳岛远征。全家从科西嘉逃往土伦，接任围攻土伦炮兵指挥。攻克土伦后，升任准将。

1794年　接任意大利军团炮兵指挥。

1795年　升任少将，担任法国内防军司令。

1796年　任意大利军团总司令，正式接管意大利军团，率军出征，多次击败奥军、撒军。同年，与约瑟芬·德·博阿尔内结婚。

1797年　同奥地利签订和约，返回巴黎。被任命为东方远征军总司令，远征埃及。

1799年　率亲信从埃及冒险回法国，发动雾月政变，建立执政府，被选为第一执政。

1800年　离开巴黎，到前线指挥第二次意大利战役。与奥地利签订和平草约。

1801年　同罗马教皇签订政教协议。同英国签订伦敦和约初步条款。同俄国签订协议。

1802年　签订《亚眠和约》。被任命为终身执政。

1804年　颁布《拿破仑法典》。元老院宣布拿破仑为皇帝，并在巴黎圣母院加冕。

1805年　打击第三次反法同盟，在乌尔姆获得大捷。获奥斯特里茨大会战胜利。

1806年　耶拿及奥尔斯塔特会战获胜，进入柏林。宣布对英国实行大陆封锁。

1807年　在弗里德兰大败俄军，俄皇被迫求和，法、俄、普三国签订和约。

1809年　击败奥地利，迫使奥地利再一次割地求和。同约瑟芬离婚。

1810年　同奥地利公主玛丽·路易斯结婚。

1811年　其子罗马王诞生。开始准备征俄战争。

1812年　向俄国宣战，对俄发动战争，但以失败告终。

1813年　欧洲第六次反法同盟成立，拿破仑率军与联军作战并取得一系列胜利，但在莱比锡大战中战败。

1814年　第一次宣布退位，被流放到厄尔巴岛。前妻约瑟芬去世。

1815年　逃离厄尔巴岛。进入巴黎，开始百日统治。同年，在滑铁卢会战中战败，第二次退位，随后被流放到圣赫勒拿岛。

1821年5月5日　拿破仑·波拿巴在圣赫勒拿岛病逝，终年52岁。

1840年　拿破仑的遗体被运回巴黎安葬。